SE05

Curso
MAD360

*La diferencia entre aprobar
y sacar plaza*

Técnico/a Auxiliar Sanitario/a

AYUNTAMIENTO DE MADRID

Accede a tu **Curso MAD360** y disfruta de los siguientes recursos:

- Técnicas de Memoria 360.
- MADTEST: Test nivel PRO.
- Temario en formato digital.
- Planificación de estudio.
- Foro entre opositores hasta la fecha del examen.*
- Recursos y novedades exclusivas.
- Consulta sobre la oposición y el proceso selectivo.
- Actualizaciones legislativas (Boletines Oficiales) hasta 60 días antes de la fecha del examen.*

Para acceder al Curso MAD360** será necesaria la compra de todos los libros para esta especialidad de la edición 2024.

Valida los códigos que encuentras en la última página de tus libros y disfruta de la experiencia MAD360.

Infórmate en: mad.es/registro-campus

NOTA IMPORTANTE:

* Examen de esta categoría profesional correspondiente a la convocatoria publicada en el BOAM núm. 9762, de 19 de noviembre de 2024, o hasta el 31 de enero de 2026, lo que se cumpla antes.

** El acceso al CURSO MAD360 estará disponible desde enero de 2025 (algunos recursos podrían estar disponibles en fecha posterior). Tendrá una duración de 365 días, desde la validación de códigos, o hasta el 31 de julio del 2026, lo que se cumpla antes.

MAD se reserva el derecho a ampliar dichas fechas.

Técnico/a Auxiliar Sanitario/a del Ayuntamiento de Madrid

Enero, 2025

Técnico/a Auxiliar Sanitario/a del Ayuntamiento de Madrid

Test del temario

Autores

ELENA GARCÍA FERNÁNDEZ
Licenciada en Derecho

LUIS SILVA GARCÍA
Diplomado Universitario en Enfermería
Recuperación de Urgencias

FERNANDO BABI RUÍZ
Licenciado en Derecho

M.ª JOSÉ GARCÍA BERMEJO
Licenciada en Biología
Técnica Superior en Laboratorio de Diagnóstico Clínico

M.ª DEL CARMEN SILVA GARCÍA
Diplomada Universitaria en Enfermería
Técnica Especialista de Laboratorio

CARMEN ROSA JUNQUERA VELASCO
Diplomada Universitaria en Enfermería

LIDIA MARINA PONCE MARTÍNEZ
Licenciada en Psicología
Máster en Terapia Familiar y de Sistemas

MANUEL ALÉS REINA
Diplomado Universitario en Enfermería

© 7 Editores Recursos para la Cualificación Profesional y el Empleo, S.L. (7 Editores)
© Los autores
Primera edición, enero 2025 (194 páginas)
Derechos de edición reservados a favor de 7 Editores
IMPRESO EN ESPAÑA
Diseño Portada: 7 Editores
Edita: 7 Editores
Avda. San Francisco Javier, 9 · Edificio Sevilla 2 · Planta 11 · Módulos 25-27 · 41018 Sevilla
Teléfono: 954 784 411 · WEB: www.mad.es · e-mail: administracion@7editores.com
ISBN: 978-84-142-9077-4
© "Editorial Mad" y "Eduforma" son nombres comerciales registrados de
7 Editores Recursos para la Cualificación Profesional y el Empleo, S.L.

Índice

GRUPO II

GRUPO I

TEST N.º 1

La Constitución española de 1978 (I): estructura y contenido. Derechos y deberes fundamentales. Su garantía y suspensión

1. ¿En qué fecha se sancionó la Constitución Española?

a) El 29 de diciembre de 1978.
b) El 27 de diciembre de 1978.
c) El 7 de diciembre de 1978.

2. Respecto a las Fuerzas Armadas no es cierto que:

a) Están compuestas por el Ejército de Tierra, la Armada y el Ejército del Aire.
b) Su misión es defender su integridad territorial y el ordenamiento constitucional.
c) Un decreto regulará las bases de la organización militar.

3. ¿Quién promueve las condiciones para que la libertad y la igualdad del individuo y de los grupos en que se integra sean reales y efectivas?

a) La Constitución Española.
b) La Unión Europea.
c) Los poderes públicos.

4. Indica cuál de las siguientes afirmaciones está recogida en el Título primero, artículo 10.2 de la CE:

a) La nación está obligada a conservar y proteger por leyes sabias y justas la libertad civil, la propiedad y los demás derechos legítimos de todos los individuos que la componen.
b) El Estado español acatará las normas universales del Derecho Internacional, incorporándolas a su derecho positivo.
c) Las normas relativas a los derechos fundamentales y a las libertades que la CE reconoce se interpretarán de conformidad con la Declaración Universal de Derechos Humanos y los tratados y acuerdos internacionales sobre las mismas materias ratificados por España.

5. ¿Qué artículos abarca la Sección 1.ª del Capítulo 2.º del Título I de la CE?

a) Del 14 al 20 ambos inclusive.
b) Del 14 al 30 ambos inclusive.
c) Del 15 al 29 ambos inclusive.

6. ¿En qué fecha fue ratificada por el pueblo español, en referéndum, la Constitución?

a) El 29 de diciembre de 1978.
b) El 27 de diciembre de 1978.
c) El 6 de diciembre de 1978.

7. Señala cuál de las siguientes respuestas es la correcta:

a) La soberanía nacional reside en el parlamento español, del que emanan los poderes del Estado.
b) La soberanía nacional reside en el pueblo español, del que emanan los poderes del Estado.
c) La soberanía nacional reside en los representantes de los ciudadanos, libremente elegidos en elecciones periódicas por sufragio universal.

8. Según la Constitución Española, las leyes:

a) Siempre serán retroactivas frente a las disposiciones sancionadoras no favorables o restrictivas de los Derechos Fundamentales.
b) Siempre tendrán carácter retroactivo.
c) Nunca serán retroactivas frente a las disposiciones sancionadoras no favorables o restrictivas de los Derechos Fundamentales.

9. Señala cuál de las siguientes respuestas es correcta, de acuerdo con el artículo 16 de la Constitución Española:

a) Nadie podrá ser obligado a declarar sobre su ideología, religión o creencias, salvo en casos de terrorismo.
b) Nadie podrá ser obligado a declarar sobre su ideología, religión o creencias, salvo en casos de terrorismo y exclusivamente ante jueces o magistrados integrantes del poder judicial.
c) Nadie podrá ser obligado a declarar sobre su ideología, religión o creencias.

10. De acuerdo con el artículo 20 de la Constitución Española, se reconocen y protegen el/los derecho/s (señala la respuesta incorrecta):

a) A expresar y difundir libremente los pensamientos, ideas y opiniones mediante la palabra, el escrito o cualquier otro medio de reproducción.
b) A la producción y creación literaria, artística, científica y técnica.
c) A la libre circulación por el territorio nacional.

En MADTEST tienes **más preguntas de este tema**, y todos tus avances quedan registrados y se reflejan en el ranking.

¡Supera tus límites con MADTEST!

Solución al test n.º 1

1. b) El 27 de diciembre de 1978.

2. c) Un decreto regulará las bases de la organización militar.

3. c) Los poderes públicos.

4. c) Las normas relativas a los derechos fundamentales y a las libertades que la CE reconoce se interpretarán de conformidad con la Declaración Universal de Derechos Humanos y los tratados y acuerdos internacionales sobre las mismas materias ratificados por España.

5. c) Del 15 al 29 ambos inclusive.

6. c) El 6 de diciembre de 1978.

7. b) La soberanía nacional reside en el pueblo español, del que emanan los poderes del Estado.

8. c) Nunca serán retroactivas frente a las disposiciones sancionadoras no favorables o restrictivas de los Derechos Fundamentales.

9. c) Nadie podrá ser obligado a declarar sobre su ideología, religión o creencias.

10. c) A la libre circulación por el territorio nacional.

TEST N.º 2

La Constitución española de 1978 (II): la Organización territorial del Estado. Principios generales. La Administración Local. Las Comunidades Autónomas: los Estatutos de Autonomía

1. Según la Constitución, las Entidades que forman parte de la organización territorial del Estado tienen la nota común de:

a) Autogobierno.
b) Independencia.
c) Autonomía.

2. La titularidad de la soberanía española radica en el/las:

a) Cortes Generales como representantes del pueblo español.
b) Rey como Jefe del Estado.
c) Pueblo mismo.

3. No pueden constituirse en Comunidades Autónomas los territorios:

a) Que no estén integrados en la organización provincial.
b) Que, no siendo superiores a una Provincia, tengan entidad regional histórica.
c) Interinsulares.

4. La vía ordinaria de acceso a la autonomía por el artículo 143 de la Constitución se sigue por los/las:

a) Provincias con entidad regional histórica.
b) Territorios que en el pasado hubieren plebiscitado afirmativamente proyecto de Estatuto de Autonomía.
c) Provincia sin entidad regional histórica directamente.

5. Entre las determinaciones de los Estatutos de Autonomía no es necesario incluir la:

a) Delimitación de su territorio.
b) Denominación de las instituciones autónomas propias.
c) Denominación, organización y sede de sus instituciones administrativas.

6. En las Comunidades Autónomas que siguen la vía común, el Proyecto de Estatuto será elaborado por la/los:

a) Asamblea de Parlamentarios que se constituye al efecto.
b) Comisión Constitucional del Congreso de los Diputados.
c) Miembros de la Diputación u órgano interinsular y por los Diputados y Senadores elegidos por ellas.

7. El voto de ratificación por los Plenos del Senado y del Congreso de los Diputados se dará en el/las:

a) Comunidades Autónomas que siguen la vía común.
b) Comunidades Autónomas que siguen la vía especial.
c) Acceso a la autonomía de Ceuta y Melilla.

8. La responsabilidad política del Presidente de una Comunidad Autónoma se exige por el/la:

a) Sala de lo Penal del Tribunal Supremo.
b) Congreso de los Diputados.
c) Asamblea Legislativa de la Comunidad Autónoma.

9. La Asamblea Legislativa de las Comunidades Autónomas se elige:

a) Con criterios de representación territorial.
b) Con criterios de representación proporcional.
c) Por sufragio individual.

10. Con el fin de corregir los desequilibrios económicos interterritoriales y hacer efectivo el principio de solidaridad, se constituye:

a) El Fondo de Compensación Interterritorial.
b) El Comité Económico Interterritorial.
c) El Consejo de Política Fiscal y Financiera.

En MADTEST tienes **más preguntas de este tema**, y todos tus avances quedan registrados y se reflejan en el ranking.

¡Supera tus límites con MADTEST!

Solución al test n.º 2

1. c) Autonomía.

2. c) Pueblo mismo.

3. c) Interinsulares.

4. a) Provincias con entidad regional histórica.

5. c) Denominación, organización y sede de sus instituciones administrativas.

6. c) Miembros de la Diputación u órgano interinsular y por los Diputados y Senadores elegidos por ellas.

7. b) Comunidades Autónomas que siguen la vía especial.

8. c) Asamblea Legislativa de la Comunidad Autónoma.

9. b) Con criterios de representación proporcional.

10. a) El Fondo de Compensación Interterritorial.

TEST N.º 3

**El Reglamento Orgánico del Gobierno y de la Administración
del Ayuntamiento de Madrid (I): las Áreas de Gobierno y su
estructura interna. Órganos superiores de las Áreas de Gobierno;
Órganos Centrales directivos. Número y denominación
de las actuales Áreas de Gobierno**

1. ¿Qué Título del Reglamento Orgánico del Gobierno y de la Administración del Ayuntamiento de Madrid de 31 de mayo de 2004, regula la estructura de la Administración del Ayuntamiento de Madrid?

a) El Título III.
b) El Título IV.
c) El Título V.

2. Los órganos creados como instrumentos destacados para la gestión eficaz de determinados servicios públicos y que son objeto de regulación en el Título VII del Reglamento Orgánico del Gobierno y de la Administración del Ayuntamiento de Madrid se denominan:

a) Órganos colegiados.
b) Organismos públicos.
c) Distritos.

3. ¿Qué órganos constituyen el segundo nivel de la organización de las Áreas de Gobierno y les corresponden las funciones de coordinación de las distintas Direcciones Generales que integran aquellas?

a) Los órganos directivos.
b) Los órganos superiores.
c) Los órganos colegiados.

4. Las Direcciones Generales, comprenden uno o varios ámbitos de competencias de funcionamiento homogéneos, constituyendo los elementos básicos de la organización de las Áreas de Gobierno que son:

a) Órganos directivos.
b) Órganos superiores.
c) Órganos colegiados.

5. Señala la respuesta correcta respecto a las Áreas de Gobierno y su estructura interna:

a) Las Áreas de Gobierno constituyen los niveles esenciales de la organización municipal y comprenden, cada una de ellas, uno o varios sectores funcionalmente homogéneos de la actividad administrativa municipal.

b) De las mismas no podrán depender otras Áreas de Coordinación o Delegadas.

c) El número de Áreas de Gobierno no podrá exceder de 12, correspondiendo al Pleno, al amparo de lo previsto en el artículo 123.1.c) en relación con las facultades que le atribuye el artículo 124.4.k) de la Ley 7/1985, de 2 de abril, determinar el número, denominación y atribuciones de las Áreas, sin perjuicio de las competencias que le puedan delegar otros órganos municipales.

6. ¿Qué órganos ejercen sus competencias exclusivamente en el ámbito de un distrito?

a) Los órganos centrales.
b) Los órganos territoriales.
c) Los organismos públicos.

7. Señala la respuesta correcta, relativa a la organización central del Ayuntamiento de Madrid:

a) La organización central del Ayuntamiento de Madrid se estructura en unidades departamentales denominadas Áreas de Gobierno, comprendiendo cada una de ellas uno o varios sectores funcionalmente homogéneos de la actividad administrativa. Estas Áreas se organizan en los órganos directivos que determine el Pleno y en las demás unidades que se creen por la relación de puestos de trabajo, sin perjuicio de las Áreas de Coordinación o Delegadas que asimismo puedan crearse.

b) La organización central del Ayuntamiento de Madrid se estructura en unidades departamentales denominadas Áreas de Gobierno, comprendiendo cada una de ellas uno o varios sectores funcionalmente homogéneos de la actividad administrativa. Estas Áreas se organizan en los órganos directivos que determine el Alcalde y en las demás unidades que se creen por la relación de puestos de trabajo, sin perjuicio de las Áreas de Coordinación o Delegadas que asimismo puedan crearse.

c) La organización central del Ayuntamiento de Madrid se estructura en unidades departamentales denominadas, Áreas de Gobierno, comprendiendo cada una de ellas uno o varios sectores funcionalmente homogéneos de la actividad administrativa. Estas Áreas se organizan en los órganos directivos que determine la Junta de Gobierno de la Ciudad de Madrid y en las demás unidades que se creen por la relación de puestos de trabajo, sin perjuicio de las Áreas de Coordinación o Delegadas que asimismo puedan crearse.

8. Junto a los órganos centrales directivos, el Reglamento del Gobierno y Administración del Ayuntamiento de Madrid prevé, siguiendo las disposiciones contenidas al respecto en el Título X de la LRBRL, la existencia de otros cuya especialidad viene determinada por la naturaleza de sus funciones o competencias. Estos órganos son:

a) La Asesoría Jurídica como órgano encargado de la asistencia jurídica al Alcalde, la Junta de Gobierno y a los órganos directivos; el órgano de gestión presupuestaria, la Intervención y la Tesorería.

b) La Asesoría Jurídica como órgano encargado de la asistencia jurídica del Alcalde, la Junta de Portavoces; los concejales presidentes y los vocales.

c) Los Foros Locales, la Junta de Portavoces, la Junta Municipal de Distrito y los vecinos.

9. El número de Áreas de Gobierno:

a) No podrá exceder de 10.
b) No podrá exceder de 15.
c) No podrá ser inferior a 5 ni superior a 15.

10. Indica la respuesta correcta respecto a la estructura de las Áreas de Gobierno del Ayuntamiento de Madrid:

a) En ellas podrá existir uno o más coordinadores generales, contarán con una Dirección General y se estructurarán por bloques de competencias de naturaleza homogénea a través de Subsecretarías u órganos similares.

b) En ellas podrá existir un coordinador general al frente, contarán con una Secretaría General y se estructurarán por bloques de competencias de naturaleza homogénea a través de Subdirecciones Generales u órganos similares.

c) En ellas podrá existir uno o más coordinadores generales, contarán con una Secretaría General Técnica y se estructurarán por bloques de competencias de naturaleza homogénea a través de Direcciones Generales u órganos similares.

En MADTEST tienes **más preguntas de este tema**, y todos tus avances quedan registrados y se reflejan en el ranking.

¡Supera tus límites con MADTEST!

Solución al test n.º 3

1. c) El Título V.

2. b) Organismos públicos.

3. a) Los órganos directivos.

4. a) Órganos directivos.

5. a) Las Áreas de Gobierno constituyen los niveles esenciales de la organización municipal y comprenden, cada una de ellas, uno o varios sectores funcionalmente homogéneos de la actividad administrativa municipal.

6. b) Los órganos territoriales.

7. b) La organización central del Ayuntamiento de Madrid se estructura en unidades departamentales denominadas Áreas de Gobierno, comprendiendo cada una de ellas uno o varios sectores funcionalmente homogéneos de la actividad administrativa. Estas Áreas se organizan en los órganos directivos que determine el Alcalde y en las demás unidades que se creen por la relación de puestos de trabajo, sin perjuicio de las Áreas de Coordinación o Delegadas que asimismo puedan crearse.

8. a) La Asesoría Jurídica como órgano encargado de la asistencia jurídica al Alcalde, la Junta de Gobierno y a los órganos directivos; el órgano de gestión presupuestaria, la Intervención y la Tesorería.

9. b) No podrá exceder de 15.

10. c) En ellas podrá existir uno o más coordinadores generales, contarán con una Secretaría General Técnica y se estructurarán por bloques de competencias de naturaleza homogénea a través de Direcciones Generales u órganos similares.

TEST N.º 4

El Reglamento Orgánico del Gobierno y de la Administración del Ayuntamiento de Madrid (II): Los Distritos: Disposiciones Generales. El Concejal Presidente. Estructura administrativa

1. Señala la respuesta correcta respecto a las sesiones extraordinarias a solicitud de los miembros de las Juntas Municipales de los Distritos:

a) Ningún miembro de la Junta Municipal del Distrito podrá solicitar más de cuatro sesiones extraordinarias de la Junta al año.

b) La convocatoria suscrita por, al menos, la tercera parte del número legal de miembros de la Junta Municipal del Distrito, se solicitará por escrito, en el que se especificará el asunto que la motiva dentro del ámbito de las competencias propias de la Junta Municipal del Distrito, y se incluirá el texto del acuerdo que se quiera someter a debate y votación.

c) Si el concejal-presidente no convocase la sesión extraordinaria para su celebración en el plazo señalado, quedará automáticamente convocada la sesión plenaria de la Junta Municipal del Distrito para el décimo día hábil siguiente al de la finalización de dicho plazo, a la misma hora de celebración de las sesiones ordinarias, lo que será notificado por la Secretaría del Distrito a todos los miembros de la misma al día siguiente de la finalización del plazo citado anteriormente.

2. Una vez solicitada una sesión extraordinaria, a solicitud de los miembros de las Juntas Municipales de los Distritos, no podrá demorarse:

a) Más de quince días naturales.
b) Más de quince días hábiles.
c) Más de un mes.

3. ¿Cuándo se procede a la constitución de la Junta Municipal del Distrito?

a) En el momento de la constitución de la Corporación Municipal.

b) La Junta Municipal de Distrito se constituirá en sesión plenaria, una vez constituido el Pleno municipal y nombrados el concejal-presidente y los vocales vecinos.

c) Constituida la Corporación Municipal, y una vez nombrados el presidente, el vicepresidente y los vocales, concejales y vecinos, se procederá en sesión plenaria extraordinaria a la constitución de la Junta Municipal del Distrito.

4. Con carácter anual y durante el primer semestre, se celebrará una sesión extraordinaria de la Junta Municipal del Distrito dedicada al debate sobre el estado del Distrito. ¿Qué ocurre si dicho debate coincide con elecciones municipales?

a) Se realizará al mes siguiente de la celebración de las elecciones.
b) No habrá lugar a realizar dicho debate durante el año en que se celebren elecciones municipales.
c) Se celebran tres meses después de las elecciones.

5. En relación con el voto, como derecho que se atribuye exclusivamente a los miembros de la Junta Municipal del Distrito, es cierto que:

a) El voto puede emitirse en sentido afirmativo o negativo, pudiendo los miembros de la Junta Municipal abstenerse de votar. A efectos de la votación correspondiente se considerará que se abstienen los miembros de la Junta Municipal del Distrito que no estén presentes en el momento de la votación.
b) En el caso de votaciones con resultado de empate, se efectuará una nueva votación, y si persistiera el empate, decide el voto de calidad del Alcalde.
c) En relación con el régimen jurídico de las votaciones en la Junta Municipal del Distrito, será aplicable lo previsto en la Ley 7/1985, de 2 de abril.

6. Respecto a las sesiones de la Junta Municipal del Distrito, indique la opción correcta:

a) Serán siempre públicas, sin excepción.
b) Podrán ser secretos el debate y votación de aquellos asuntos que puedan afectar al derecho fundamental regulado en el artículo 18.1 de la Constitución, siempre que se acuerde por mayoría absoluta.
c) Podrán ser secretos el debate y votación de aquellos asuntos que puedan afectar al derecho fundamental regulado en el artículo 18.1 de la Constitución, siempre que se acuerde por mayoría simple.

7. ¿A quién le corresponde fijar los objetivos del Distrito de su competencia, aprobar los planes de actuación del mismo y asignar los recursos necesarios para su ejecución, de acuerdo con las normas presupuestarias correspondientes?

a) Al Concejal-Presidente.
b) A la Junta de Portavoces.
c) Al Foro Local.

8. Los vocales vecinos, por razón del cargo para el que han sido designados, tienen los siguientes derechos:

a) Tienen derecho de asistir, con voz y voto, a las sesiones de la Junta Municipal del Distrito y a las de aquellos otros órganos de los que formen parte, de conformidad con lo dispuesto en el Reglamento y en las demás disposiciones que resulten de aplicación.

b) Tienen derecho a ser nombrados miembros del Foro Local en cuya Junta Municipal desempeñen su cargo, en los términos previstos en la Ley 7/1985, de 2 de abril.

c) Tienen derecho a obtener de la Junta de Gobierno de la Ciudad de Madrid, cuantos antecedentes, datos o informaciones, obren en poder de los servicios del Distrito y resulten precisos para el desarrollo de su función. Este derecho se ejercerá de forma análoga a la establecida para los concejales en el Reglamento Orgánico del Pleno del Ayuntamiento de Madrid.

9. El acceso a los Registros de Intereses se solicitará:

a) Mediante petición escrita.

b) Debe constar la identificación del vocal al que se refiera la información y los documentos concretos de los que se quiera tener constancia.

c) Ambas son correctas.

10. Los vocales sólo podrán acceder a los Registros de Intereses constituidos:

a) En el Distrito donde residan.

b) En el Distrito donde desempeñen su cargo.

c) En el Distrito que ellos libremente elijan.

Solución al test n.º 4

1. c) Si el concejal-presidente no convocase la sesión extraordinaria para su celebración en el plazo señalado, quedará automáticamente convocada la sesión plenaria de la Junta Municipal del Distrito para el décimo día hábil siguiente al de la finalización de dicho plazo, a la misma hora de celebración de las sesiones ordinarias, lo que será notificado por la Secretaría del Distrito a todos los miembros de la misma al día siguiente de la finalización del plazo citado anteriormente.

2. b) Más de quince días hábiles.

3. b) La Junta Municipal de Distrito se constituirá en sesión plenaria, una vez constituido el Pleno municipal y nombrados el concejal-presidente y los vocales vecinos.

4. b) No habrá lugar a realizar dicho debate durante el año en que se celebren elecciones municipales.

5. a) El voto puede emitirse en sentido afirmativo o negativo, pudiendo los miembros de la Junta Municipal abstenerse de votar. A efectos de la votación correspondiente se considerará que se abstienen los miembros de la Junta Municipal del Distrito que no estén presentes en el momento de la votación.

6. b) Podrán ser secretos el debate y votación de aquellos asuntos que puedan afectar al derecho fundamental regulado en el artículo 18.1 de la Constitución, siempre que se acuerde por mayoría absoluta.

7. a) Al Concejal-Presidente.

8. a) Tienen derecho de asistir, con voz y voto, a las sesiones de la Junta Municipal del Distrito y a las de aquellos otros órganos de los que formen parte, de conformidad con lo dispuesto en el Reglamento y en las demás disposiciones que resulten de aplicación.

9. c) Ambas son correctas.

10. b) En el Distrito donde desempeñen su cargo.

TEST N.º 5

El Personal al servicio de la Administración Pública conforme al Real Decreto Legislativo 5/2015, de 30 de octubre, por el que se aprueba el Texto Refundido de la Ley del Estatuto Básico del Empleado Público: clases de personal. Adquisición y pérdida de la relación de servicio. Situaciones administrativas. Derechos de los empleados públicos. Derecho a la carrera profesional y a la promoción interna. La evaluación del desempeño. Derechos retributivos. Derechos a la jornada de trabajo, permisos y vacaciones. Régimen disciplinario

1. El vigente texto refundido de la Ley del Estatuto Básico del Empleado Público fue aprobado por:

a) Real Decreto Legislativo 5/2015, de 30 de octubre.
b) Real Decreto Legislativo 2/2015, de 23 de octubre.
c) Real Decreto Legislativo 3/2015, de 23 de octubre.

2. El empleo en el sector público se caracteriza por estar configurado por un modelo:

a) Unitario de personal funcionario.
b) Unitario de personal estatutario.
c) Dual de regímenes jurídicos, personal funcionario y personal laboral.

3. El Estatuto Básico del Empleado Público (EBEP) contiene:

a) Aquello que es común al conjunto de los empleados públicos de todas las Administraciones Públicas.
b) Las normas legales específicas aplicables a los empleados públicos de todas las Administraciones Públicas.
c) Aquello que es común al conjunto de los funcionarios de todas las Administraciones Públicas, más las normas legales específicas aplicables al personal laboral a su servicio.

4. Para todo el personal de las Administraciones Públicas no incluido en su ámbito de aplicación, el EBEP tendrá carácter:

a) Consultivo.
b) Voluntario.
c) Supletorio.

5. El Texto Refundido del Estatuto Básico del Empleado Público se aplicará directamente, sin necesidad de que lo disponga su legislación específica, al siguiente personal:

a) Personal funcionario de las Cortes Generales.
b) Personal del Centro Nacional de Inteligencia.
c) Personal de las Universidades Públicas.

6. El Título IV del Texto Refundido de la Ley del Estatuto Básico del Empleado Público trata de:

a) Derechos y deberes. Código de conducta de los empleados públicos.
b) Adquisición y pérdida de la relación de servicio.
c) Ordenación de la actividad profesional.

7. El Texto Refundido de la Ley del Estatuto Básico del Empleado Público (TR-LEBEP) establece cuatro tipos de empleados públicos, entre los que no figura:

a) Funcionarios interinos.
b) Personal laboral.
c) Personal militar.

8. Corresponden en exclusiva a los funcionarios públicos, en los términos que en la ley de desarrollo de cada Administración Pública se establezca, el ejercicio de las funciones que impliquen la participación directa o indirecta:

a) En el archivo y documentación de información administrativa.
b) En tareas administrativas.
c) En el ejercicio de las potestades públicas.

9. Según el artículo 9.1 del EBEP, es una característica del funcionario de carrera el desempeño de servicios profesionales retribuidos de carácter:

a) Permanente.
b) Público.
c) Administrativo.

10. Podrá nombrarse personal funcionario interino para la ejecución de programas de carácter temporal, que no podrán tener una duración:

a) Inferior a 3 años.

b) Superior a 2 años, ampliable hasta doce meses más por las leyes de Función Pública que se dicten en desarrollo del TR-LEBEP.

c) Superior a 3 años, ampliable hasta doce meses más por las leyes de Función Pública que se dicten en desarrollo del TR-LEBEP.

En MADTEST tienes **más preguntas de este tema**, y todos tus avances quedan registrados y se reflejan en el ranking.

¡Supera tus límites con MADTEST!

Solución al test n.º 5

1. a) Real Decreto Legislativo 5/2015, de 30 de octubre.

2. c) Dual de regímenes jurídicos, personal funcionario y personal laboral.

3. c) Aquello que es común al conjunto de los funcionarios de todas las Administraciones Públicas, más las normas legales específicas aplicables al personal laboral a su servicio.

4. c) Supletorio.

5. c) Personal de las Universidades Públicas.

6. b) Adquisición y pérdida de la relación de servicio.

7. c) Personal militar.

8. c) En el ejercicio de las potestades públicas.

9. a) Permanente.

10. c) Superior a 3 años, ampliable hasta doce meses más por las leyes de Función Pública que se dicten en desarrollo del TR-LEBEP.

Ley 39/2015, de 1 de octubre, del Procedimiento Administrativo Común de las Administraciones Públicas: derechos de los ciudadanos en sus relaciones con las Administraciones Públicas y Registros. Ley 19/2013, de 9 de diciembre, de Transparencia, Acceso a la Información Pública y Buen Gobierno: derecho de acceso a la información pública. Ordenanza de Transparencia de la Ciudad de Madrid: ámbito de aplicación y principios generales

1. Aquel Gobierno que promueve una comunicación y un diálogo de calidad con los ciudadanos con el fin de facilitar su participación y colaboración en las políticas públicas, que garantiza la información y la transparencia de su actuación para fomentar la rendición de cuentas, y que diseña sus estrategias en un marco de gobernanza multinivel, se denomina:

a) Gobierno transparente.
b) Gobierno electrónico.
c) Gobierno abierto.

2. La Ley 19/2013 destaca tres ejes fundamentales de toda acción política. Señala cuál de los siguientes no es correcto:

a) La transparencia.
b) El acceso a la información pública.
c) Las incompatibilidades.

3. La cualidad que permite y facilita el acceso de los ciudadanos a la información pública en poder de la Administración dentro de los límites establecidos por la legislación vigente, se conoce como:

a) Accesibilidad.
b) Transparencia.
c) Objetividad.

4. Qué tipo de transparencia se sustenta en un modelo de apertura de datos (*open data*) caracterizado por la publicación de los datos en crudo, por parte de las administraciones públicas (open government data), y la posibilidad de la ciudadanía a procesarlos para producir nueva información:

a) Transparencia activa.
b) Transparencia reactiva.
c) Transparencia colaborativa.

5. La transparencia activa se materializa en:

a) El acceso a la información pública.
b) La simplificación de los procedimientos.
c) La publicidad activa.

6. En el Capítulo I del Título I: "Transparencia de la actividad pública" de la Ley 19/2013, concretamente en el art. 3, se señala que serán objeto de aplicación de las disposiciones las entidades privadas:

a) En cuyo capital social la participación, directa o indirecta, sea superior al 50 por 100.
b) Que perciban durante el período de un año ayudas o subvenciones públicas en una cuantía superior a 100.000 euros o cuando al menos el 40% del total de sus ingresos anuales tengan carácter de ayuda o subvención pública, siempre que alcancen como mínimo la cantidad de 5.000 euros.
c) Con personalidad jurídica propia, vinculadas a cualquiera de las Administraciones Públicas o dependientes de ellas.

7. A tenor del artículo 2.1 de la Ley 19/2013, es cierto que las disposiciones del título I son de aplicación a:

a) Las entidades gestoras y los servicios comunes de la Seguridad Social, pero no a las mutuas de accidentes de trabajo y enfermedades profesionales colaboradoras de la Seguridad Social.
b) Las corporaciones de Derecho Público, en relación a todas sus actividades.
c) Los organismos autónomos, las Agencias Estatales, las entidades públicas empresariales y las entidades de Derecho Público que, con independencia funcional o con una especial autonomía reconocida por la Ley, tengan atribuidas funciones de regulación o supervisión de carácter externo sobre un determinado sector o actividad.

8. Señalar la opción incorrecta. Lo dispuesto en el capítulo II (publicidad activa) del Título I (transparencia de la actividad pública) de la Ley 19/2013 es de aplicación:

a) A los sindicatos.
b) A los partidos políticos.
c) A las comunidades de propietarios.

9. A tenor del artículo 3 de la Ley 19/2013, qué parte de esta ley es de aplicación a los partidos políticos:

a) El título I, referido a la transparencia de la actividad pública.
b) Del título I, el capítulo III referido al derecho de acceso a la información pública.
c) Del título I, el capítulo II, referido a la publicidad activa.

10. Qué define el artículo 13 de la Ley 19/2013 como, los contenidos o documentos, cualquiera que sea su formato o soporte, que obren en poder de alguno de los sujetos incluidos en el ámbito de aplicación de este título (título I) y que hayan sido elaborados o adquiridos en el ejercicio de sus funciones:

a) La información pública.
b) La publicidad activa.
c) La información de relevancia jurídica.

En MADTEST tienes **más preguntas de este tema**, y todos tus avances quedan registrados y se reflejan en el ranking.

¡Supera tus límites con MADTEST!

Solución al test n.º 6

1. c) Gobierno abierto.

2. c) Las incompatibilidades.

3. b) Transparencia.

4. c) Transparencia colaborativa.

5. c) La publicidad activa.

6. b) Que perciban durante el período de un año ayudas o subvenciones públicas en una cuantía superior a 100.000 euros o cuando al menos el 40% del total de sus ingresos anuales tengan carácter de ayuda o subvención pública, siempre que alcancen como mínimo la cantidad de 5.000 euros.

7. c) Los organismos autónomos, las Agencias Estatales, las entidades públicas empresariales y las entidades de Derecho Público que, con independencia funcional o con una especial autonomía reconocida por la Ley, tengan atribuidas funciones de regulación o supervisión de carácter externo sobre un determinado sector o actividad.

8. c) A las comunidades de propietarios.

9. c) Del título I, el capítulo II, referido a la publicidad activa.

10. a) La información pública.

TEST N.º 7

Ley 39/2015, de 1 de octubre del Procedimiento Administrativo Común de las Administraciones Públicas: el procedimiento administrativo: concepto, naturaleza y principios generales. Fases del procedimiento. Los recursos administrativos: concepto y clases

1. Contra los actos firmes en vía administrativa:

a) No procede recurso administrativo alguno.

b) En vía administrativa solo procederá el recurso extraordinario de revisión, cuando concurran algunas de las circunstancias enumeradas en el artículo 125.1 de la Ley 39/2015.

c) Solo procede recurso contencioso-administrativo ante la jurisdicción correspondiente.

2. En relación con los procedimientos en materia de responsabilidad patrimonial, transcurrido el plazo legal desde que se inició el procedimiento sin que haya recaído y se notifique resolución expresa o, en su caso, se haya formalizado el acuerdo, podrá entenderse:

a) Que la resolución es contraria a la indemnización del particular.

b) Que la resolución es favorable a la indemnización del particular.

c) Que el silencio será siempre positivo.

3. ¿Cuántos meses han de transcurrir desde que se inició el procedimiento sin recaer y notificar resolución expresa para entender dicha resolución contraria a la indemnización del particular?

a) Un mes.

b) Seis meses.

c) Tres meses.

4. En procedimientos iniciados a solicitud del interesado, paralizados por causa imputable al mismo, se produce:

a) La renuncia.

b) El desistimiento.

c) La caducidad.

5. La resolución que ponga fin al procedimiento será ejecutiva:

a) Siempre.
b) Cuando quepa contra ella únicamente recurso extraordinario de revisión.
c) Cuando no quepa contra ella ningún recurso ordinario en vía administrativa.

6. En los casos en que, a petición del interesado, deban efectuarse pruebas cuya realización implique gastos:

a) Que deba soportar la Administración, esta podrá exigir el anticipo de los mismos, a reserva de la liquidación efectiva, una vez practicada la prueba.
b) Que no deba soportar la Administración, esta podrá exigir el anticipo de los mismos, a reserva de la liquidación definitiva, antes de practicar la prueba.
c) Que no deba soportar la Administración, esta podrá exigir el anticipo de los mismos, a reserva de la liquidación definitiva, una vez practicada la prueba.

7. Interpuesto un recurso de reposición, se da audiencia al interesado, ¿puede solicitar la práctica de la prueba?

a) Sí, en cualquier momento.
b) No, si pudo realizarse dentro del procedimiento.
c) No, se practicarán las pruebas que prevea la Administración.

8. Según el artículo 95 de la Ley 39/2015, en los procedimientos iniciados a solicitud del interesado, la simple inactividad de este en la cumplimentación de trámites que no sean indispensables para dictar resolución, supondrá:

a) La caducidad del procedimiento.
b) La pérdida por parte del interesado del derecho al referido trámite.
c) Acordará la prescripción del procedimiento.

9. La aceptación de informes o dictámenes servirá de motivación a la resolución cuando:

a) Se incorporen al texto de la misma.
b) Se haga referencia a ellos en la resolución.
c) Decidan directa o indirectamente el fondo del asunto.

10. ¿Cuál de las siguientes afirmaciones no es cierta en relación con las actuaciones complementarias a que hace referencia la Ley 39/2015?

a) Que deben practicarse en un plazo no superior a diez días.
b) Que deben notificarse a los interesados, los cuales tendrán siete días para formular alegaciones.
c) Que el acuerdo de realización de medidas complementarias debe ser motivado.

En MADTEST tienes **más preguntas de este tema**, y todos tus avances quedan registrados y se reflejan en el ranking.

¡Supera tus límites con MADTEST!

Solución al test n.º 7

1. b) En vía administrativa solo procederá el recurso extraordinario de revisión, cuando concurran algunas de las circunstancias enumeradas en el artículo 125.1 de la Ley 39/2015.

2. a) Que la resolución es contraria a la indemnización del particular.

3. b) Seis meses.

4. c) La caducidad.

5. c) Cuando no quepa contra ella ningún recurso ordinario en vía administrativa.

6. c) Que no deba soportar la Administración, esta podrá exigir el anticipo de los mismos, a reserva de la liquidación definitiva, una vez practicada la prueba.

7. b) No, si pudo realizarse dentro del procedimiento.

8. b) La pérdida por parte del interesado del derecho al referido trámite.

9. a) Se incorporen al texto de la misma.

10. a) Que deben practicarse en un plazo no superior a diez días.

Real Decreto Legislativo 2/2004, de 5 de marzo, por el que se aprueba el texto refundido de la Ley Reguladora de las Haciendas Locales: Recursos de las Haciendas Locales. Clasificación: ingresos de derecho público e ingresos de derecho privado. Especial referencia a las tasas. Contribuciones especiales y precios públicos. Impuestos municipales: concepto y clasificación

1. Señala, de entre los siguientes, cuáles son tributos propios de las entidades locales de acuerdo con el artículo 2.b) de la Ley de Haciendas Locales (LHL):

a) Las multas y sanciones en el ámbito de sus competencias, los impuestos, las contribuciones especiales y las tasas.

b) Los impuestos, las tasas, las contribuciones especiales, las multas y sanciones en el ámbito de sus competencias y los percibidos en concepto de precios públicos.

c) Las contribuciones especiales, las tasas y los impuestos y los recargos exigibles sobre los impuestos de las Comunidades Autónomas o de otras Entidades Locales.

2. Los vehículos denominados históricos, ¿a partir de que antigüedad mínima están bonificados del IVTM, contados desde su fecha de fabricación o primera matriculación, o en su defecto, desde la fecha en que el correspondiente tipo o variante se dejó de fabricar?

a) 25 años.
b) 30 años.
c) 35 años.

3. ¿En cuál de los siguientes supuestos no se permite el prorrateo del importe de la cuota del Impuesto sobre Vehículos de Tracción Mecánica (IVTM)?

a) En los casos de baja definitiva del vehículo.
b) En los casos de transmisión del vehículo.
c) En los casos de baja temporal por sustracción o robo de vehículo, desde el momento en que se produzca dicha baja temporal en el registro público correspondiente.

4. En relación con el Impuesto sobre Vehículos de Tracción Mecánica y según el artículo 92 de la Ley de Haciendas Locales, es cierto que:

a) Es un tributo indirecto que grava la tenencia de cualquier vehículo.

b) Es un tributo directo que grava la titularidad de los vehículos de esta naturaleza, aptos para circular por las vías públicas, cualesquiera que sean su clase y categoría.

c) Es un tributo indirecto que grava la posesión de vehículos aptos para circular por las vías públicas.

5. Según el artículo 20 de la Ley de Haciendas Locales, los ayuntamientos no podrán exigir tasas por:

a) La prestación de servicios públicos de su competencia que afecten particularmente a los sujetos pasivos.

b) La realización de actividades administrativas de su competencia que afecten particularmente a los sujetos pasivos.

c) La asistencia a las sesiones plenarias de la corporación.

6. En relación con el Impuesto sobre Construcciones, Instalaciones y Obras y según el artículo 102 de la Ley de Haciendas Locales, el devengo se produce:

a) En el momento de iniciarse la construcción, instalación u obra, aun cuando no se haya obtenido la correspondiente licencia.

b) En el momento de finalizar la obra o construcción.

c) En el momento de solicitar la licencia municipal correspondiente.

7. En relación con el Impuesto sobre el Incremento del Valor de los Terrenos de Naturaleza Urbana y según el artículo 104 de la Ley de Haciendas Locales, señala la respuesta incorrecta:

a) Es un tributo directo que grava el incremento del valor de los terrenos de naturaleza urbana.

b) Se pone de manifiesto como consecuencia de la transmisión de la propiedad de los terrenos por cualquier título o de la constitución o transmisión de cualquier derecho real de goce, limitativo del dominio sobre los referidos terrenos.

c) No se devengará el impuesto con ocasión de aportaciones de bienes inmuebles a la Iglesia Católica.

8. ¿A cuál de los siguientes supuestos se le aplica la exención automática en el IVTM?

a) A los vehículos para personas de movilidad reducida.

b) A los autobuses, microbuses y demás vehículos destinados o adscritos al servicio de transporte público urbano, siempre que tengan una capacidad que exceda de nueve plazas, incluida la del conductor.

c) A los vehículos matriculados a nombre de minusválidos para su uso exclusivo, aun cuando no se mantengan dichas circunstancias, tanto a los vehículos conducidos por personas con discapacidad como a los destinados a su transporte.

9. ¿Qué tipo de ingresos son los tributos?

a) De derecho privado.
b) De derecho común.
c) De derecho público.

10. Según la Ley de Haciendas Locales, ¿se puede considerar el producto de las operaciones de crédito un recurso de la Hacienda de las Entidades Locales?

a) No, en ningún caso.
b) No, salvo para los municipios de gran población.
c) Sí, así está previsto en la LHL.

En MADTEST tienes **más preguntas de este tema**, y todos tus avances quedan registrados y se reflejan en el ranking.

¡Supera tus límites con MADTEST!

Solución al test n.º 8

1. c) Las contribuciones especiales, las tasas y los impuestos y los recargos exigibles sobre los impuestos de las Comunidades Autónomas o de otras Entidades Locales.

2. a) 25 años.

3. b) En los casos de transmisión del vehículo.

4. b) Es un tributo directo que grava la titularidad de los vehículos de esta naturaleza, aptos para circular por las vías públicas, cualesquiera que sean su clase y categoría.

5. c) La asistencia a las sesiones plenarias de la corporación.

6. a) En el momento de iniciarse la construcción, instalación u obra, aun cuando no se haya obtenido la correspondiente licencia.

7. c) No se devengará el impuesto con ocasión de aportaciones de bienes inmuebles a la Iglesia Católica.

8. b) A los autobuses, microbuses y demás vehículos destinados o adscritos al servicio de transporte público urbano, siempre que tengan una capacidad que exceda de nueve plazas, incluida la del conductor.

9. c) De derecho público.

10. c) Sí, así está previsto en la LHL.

TEST N.º 9

Ley 31/1995, de 8 de noviembre de Prevención de Riesgos Laborales: delegados/as de prevención. Comités de seguridad y salud. Especial referencia a la prevención de riesgos laborales del Acuerdo Convenio en vigor sobre condiciones de trabajo comunes al personal funcionario y laboral del Ayuntamiento de Madrid y de sus Organismos Autónomos. Representación de los empleados públicos

1. ¿Qué artículo de la Constitución Española indica que los poderes públicos deben velar por la seguridad e higiene en el trabajo?

a) El artículo 28.
b) El artículo 35.
c) El artículo 40.

2. Para calificar un riesgo desde el punto de vista de su gravedad, se valorarán conjuntamente la severidad del daño y:

a) La probabilidad de que se produzca.
b) La cantidad de trabajadores de la empresa.
c) La existencia o no de equipos individuales de protección.

3. Las disposiciones de carácter laboral contenidas en la Ley 31/1995 y en sus normas reglamentarias tendrán en todo caso el carácter de:

a) Derecho necesario mínimo disponible.
b) Derecho necesario máximo disponible.
c) Derecho necesario mínimo indisponible.

4. La Ley 31/1995 tiene por objeto la determinación del cuerpo básico de .... y responsabilidades preciso para establecer un adecuado nivel de protección de la salud de los trabajadores frente a los riesgos derivados de las condiciones de trabajo. Señala la palabra que falta:

a) Derechos.
b) Obligaciones.
c) Garantías.

5. La Ley 31/1995 y sus normas de desarrollo son de aplicación en el siguiente ámbito o actividad:

a) Policía, seguridad y resguardo aduanero.

b) Sociedades cooperativas en las que existan socios cuya actividad consista en la prestación de un trabajo personal.

c) Servicios operativos de protección civil y peritaje forense en los casos de grave riesgo, catástrofe y calamidad pública.

6. Se consideran procesos potencialmente peligrosos:

a) Aquellos que, en ausencia de medidas preventivas específicas, originen riesgos para la seguridad y la salud de los trabajadores que los desarrollan o utilizan.

b) Cualquier característica del mismo que pueda tener una influencia significativa en la generación de riesgos para la seguridad y la salud del trabajador.

c) Aquellos que, en presencia de medidas preventivas específicas, originen riesgos para la seguridad y la salud de los trabajadores que los desarrollan o utilizan.

7. En el caso de exposición a agentes susceptibles de causar daños graves a la salud de los trabajadores, se considerará que existe un riesgo grave e inminente:

a) Cuando sea improbable racionalmente que se materialice en un futuro inmediato una exposición a dichos agentes de la que puedan derivarse daños graves para la salud, aun cuando estos puedan manifestarse de forma inmediata.

b) Cuando sea probable racionalmente que se materialice en un futuro inmediato una exposición a dichos agentes de la que puedan derivarse daños graves para la salud, siempre que estos se manifiesten de forma inmediata.

c) Cuando sea probable racionalmente que se materialice en un futuro inmediato una exposición a dichos agentes de la que puedan derivarse daños graves para la salud, aun cuando estos no se manifiesten de forma inmediata.

8. Toda lesión corporal que el trabajador sufra con ocasión o por consecuencia del trabajo que ejecute por cuenta ajena, se considera:

a) Enfermedad profesional.

b) Accidente de trabajo.

c) Condición de trabajo.

9. Los Delegados de Prevención:

a) Serán designados por el personal entre los representantes del personal.

b) Serán designados por los representantes del personal entre el personal.

c) Serán designados por y entre los representantes del personal.

10. ¿A qué tipo de Empresas correspondería una representación de 6 Delegados de Prevención?

a) Empresas de 501 a 1.000 trabajadores.
b) Empresas de 2.001 a 3.000 trabajadores.
c) Empresas de 4.001 trabajadores en adelante.

En MADTEST tienes **más preguntas de este tema**, y todos tus avances quedan registrados y se reflejan en el ranking.

¡Supera tus límites con MADTEST!

Solución al test n.º 9

1. c) El artículo 40.

2. a) La probabilidad de que se produzca.

3. c) Derecho necesario mínimo indisponible.

4. c) Garantías.

5. b) Sociedades cooperativas en las que existan socios cuya actividad consista en la prestación de un trabajo personal.

6. a) Aquellos que, en ausencia de medidas preventivas específicas, originen riesgos para la seguridad y la salud de los trabajadores que los desarrollan o utilizan.

7. c) Cuando sea probable racionalmente que se materialice en un futuro inmediato una exposición a dichos agentes de la que puedan derivarse daños graves para la salud, aun cuando estos no se manifiesten de forma inmediata.

8. b) Accidente de trabajo.

9. c) Serán designados por y entre los representantes del personal.

10. b) Empresas de 2.001 a 3.000 trabajadores.

TEST N.º 10

Ley Orgánica 3/2007, de 22 de marzo, para la igualdad efectiva de mujeres y hombres: objeto y ámbito de la ley. El principio de igualdad y la tutela contra la discriminación. El Plan de Igualdad entre mujeres y hombres del Ayuntamiento de Madrid y sus Organismos Autónomos en vigor: ámbito municipal; estructura; objetivo general; líneas de intervención y objetivos específicos

1. El principio de igualdad de trato y de oportunidades entre mujeres y hombres:

a) Solo se aplica en el ámbito del empleo público.

b) Se garantizará incluso en el acceso al trabajo por cuenta propia.

c) No se aplica en la afiliación y participación en organizaciones sindicales o empresariales.

2. Una diferencia de trato basada en una característica relacionada con el sexo, ¿constituye discriminación en el acceso al empleo?

a) Sí, en todo caso.

b) No, siempre que la formación necesaria se base en dicha característica.

c) No, si debido a la naturaleza de las actividades profesionales concretas o al contexto en el que se lleven a cabo, dicha característica constituye un requisito profesional esencial y determinante, siempre y cuando el objetivo sea legítimo y el requisito proporcionado.

3. En virtud del artículo 6.2 de la LO 3/2007, la situación en que una disposición, criterio o práctica aparentemente neutros pone a personas de un sexo en desventaja particular con respecto a personas del otro:

a) En cualquier caso constituirá discriminación directa.

b) En cualquier caso constituirá discriminación indirecta.

c) No se considera discriminación indirecta si dicha disposición, criterio o práctica pueden justificarse objetivamente en atención a una finalidad legítima y los medios para alcanzar dicha finalidad son necesarios y adecuados.

4. Conforme al artículo 6.3 de la LO 3/2007, toda orden de discriminar por razón de sexo:

a) Solo se considera discriminatoria si se ordena discriminar directamente.
b) En ningún caso se puede considerar discriminatoria.
c) En cualquier caso se considera discriminatoria, sea directa o indirecta.

5. En relación con el acoso sexual y el acoso por razón de sexo:

a) La LO 3/2007 equipara ambos conceptos.
b) La diferencia entre ambos radica en que, mientras el primero se circunscribe al ámbito de lo sexual, el segundo supone un tipo de situaciones laborales discriminatorias mucho más amplias, sin tener por qué existir intencionalidad sexual por parte de la persona agresora.
c) Se diferencian en que el primero supone que hay rechazo por parte de la víctima.

6. Conforme al artículo 12 de la LO 3/2007, cualquier persona podrá recabar de los tribunales la tutela del derecho a la igualdad entre mujeres y hombres, de acuerdo con lo establecido en el artículo 53.2 de la Constitución:

a) Siempre que la relación en la que supuestamente se produce la discriminación se encuentre vigente.
b) Incluso tras la terminación de la relación en la que supuestamente se ha producido la discriminación.
c) Siempre que se haya dado por terminada la relación en la que supuestamente se produce la discriminación.

7. La persona acosada será la única legitimada en los litigios:

a) Sobre discriminación directa.
b) Sobre acoso sexual y acoso por razón de sexo.
c) Sobre acoso sexual únicamente.

8. ¿En cuál de las siguientes jurisdicciones la carga de la prueba de no discriminación NO pesa sobre el demandado?

a) Jurisdicción penal.
b) Jurisdicción civil.
c) Jurisdicción contencioso-administrativa.

9. De acuerdo con las leyes procesales, en aquellos procedimientos en los que las alegaciones de la parte actora se fundamenten en actuaciones discriminatorias, por razón de sexo, corresponderá a la persona demandada probar la ausencia de discriminación en las medidas adoptadas y su proporcionalidad. A tales efectos, el órgano judicial:

a) A instancia de parte, podrá recabar, si lo estimase útil y pertinente, informe o dictamen de los organismos públicos competentes.
b) Deberá recabar informe o dictamen de los organismos públicos competentes.
c) De oficio, podrá recabar, si lo estimase útil y pertinente, informe o dictamen de los organismos públicos competentes.

10. El Real Decreto-ley 6/2019, de 1 de marzo, de medidas urgentes para garantía de la igualdad de trato y de oportunidades entre mujeres y hombres en el empleo y la ocupación, extendió la exigencia de redacción de los planes de igualdad a empresas de:

a) 10 o más trabajadores.
b) 25 o más trabajadores.
c) 50 o más trabajadores.

En MADTEST tienes **más preguntas de este tema**, y todos tus avances quedan registrados y se reflejan en el ranking.

¡Supera tus límites con MADTEST!

Solución al test n.º 10

1. b) Se garantizará incluso en el acceso al trabajo por cuenta propia.

2. c) No, si debido a la naturaleza de las actividades profesionales concretas o al contexto en el que se lleven a cabo, dicha característica constituye un requisito profesional esencial y determinante, siempre y cuando el objetivo sea legítimo y el requisito proporcionado.

3. c) No se considera discriminación indirecta si dicha disposición, criterio o práctica pueden justificarse objetivamente en atención a una finalidad legítima y los medios para alcanzar dicha finalidad son necesarios y adecuados.

4. c) En cualquier caso se considera discriminatoria, sea directa o indirecta.

5. b) La diferencia entre ambos radica en que, mientras el primero se circunscribe al ámbito de lo sexual, el segundo supone un tipo de situaciones laborales discriminatorias mucho más amplias, sin tener por qué existir intencionalidad sexual por parte de la persona agresora.

6. b) Incluso tras la terminación de la relación en la que supuestamente se ha producido la discriminación.

7. b) Sobre acoso sexual y acoso por razón de sexo.

8. a) Jurisdicción penal.

9. a) A instancia de parte, podrá recabar, si lo estimase útil y pertinente, informe o dictamen de los organismos públicos competentes.

10. c) 50 o más trabajadores.

GRUPO II

TEST N.º 11

La calidad de los servicios públicos: Concepto y principios básicos de la calidad. Acreditación y certificación vigente de Madrid Salud

1. Según ISO 9000, la calidad se define como:

a) Hacerlo bien a la primera.
b) El grado en que un conjunto de características cumple con los requisitos.
c) La capacidad de un servicio para satisfacer las necesidades del cliente.

2. ¿Qué principio de la calidad se refiere al uso óptimo de los recursos para maximizar resultados?

a) Eficiencia.
b) Eficacia.
c) Equidad.

3. Según Crosby, la calidad se basa en:

a) Prevenir errores en lugar de corregirlos.
b) La adecuación para el uso.
c) Satisfacer al cliente ahora y en el futuro.

4. ¿Qué autor destacó la importancia de la mejora continua para satisfacer al cliente ahora y en el futuro?

a) Deming.
b) Crosby.
c) Juran.

5. ¿Qué reconoce el Sello de Excelencia en Gestión (500+ puntos, Modelo CAF) otorgado a Madrid Salud?

a) La certificación de métodos de ensayo en laboratorios.
b) La calidad en la gestión y la mejora continua.
c) La capacidad para satisfacer las necesidades ciudadanas.

6. ¿Qué norma certifica la competencia técnica del laboratorio de salud pública de Madrid Salud?

a) UNE-EN ISO 9001.
b) UNE-EN ISO/IEC 17025.
c) UNE 93200.

7. ¿Qué garantizan las certificaciones de las Cartas de Servicios de Madrid Salud según la Norma UNE 93200?

a) Compromisos claros, medibles y orientados al ciudadano.
b) La evaluación de políticas públicas.
c) Métodos de ensayo en salud pública.

8. ¿Qué principio de estos (según la OMS) no pertenece a un sistema de salud perfecto?

a) Equidad.
b) Universalidad.
c) Centralización.

9. ¿Qué conceptos de estos es el más parecido al de justicia e igualdad?

a) Participación.
b) Aceptabilidad.
c) Equidad.

10. ¿Qué vertientes abarca el nivel científico-técnico como característica de calidad en salud?

a) El nivel de calidad de los equipos y las instalaciones en donde se presta la atención sanitaria.
b) El nivel de competencia de los profesionales que la aplican.
c) Son ciertas a) y b).

11. Según Cote, la calidad es igual a:

a) Percepción + Expectativas.
b) Equidad + Participación.
c) Percepción - Expectativas.

12. La mejora continua pero fundamentalmente orientada al cliente (mayor satisfacción al menor coste), es:

a) Control de calidad.
b) Calidad total.
c) Calidad parcial.

13. ¿Qué es un estándar de calidad?

a) La especificación cuantitativa de un criterio.
b) Un porcentaje de la valoración numérica que se ha dado al criterio de calidad.
c) Las opciones a) y b) son ciertas.

14. ¿A qué se denomina criterio de calidad?

a) A la especificación cuantitativa de un estándar de calidad.
b) A las condiciones que debe cumplir una estructura, un proceso, o un resultado, para que se le pueda considerar de calidad.
c) A un porcentaje de la valoración numérica que se ha dado al estándar de calidad.

15. Dentro de las estrategias de mejora continua de la Calidad encontramos los Métodos de Resultados que utilizan el/la:

a) Auditoría.
b) Peer review.
c) Medidas de la efectividad.

En MADTEST tienes **más preguntas de este tema**, y todos tus avances quedan registrados y se reflejan en el ranking.

¡Supera tus límites con MADTEST!

Solución al test n.º 11

1. b) El grado en que un conjunto de características cumple con los requisitos.

2. a) Eficiencia.

3. a) Prevenir errores en lugar de corregirlos.

4. a) Deming.

5. c) La capacidad para satisfacer las necesidades ciudadanas.

6. b) UNE-EN ISO/IEC 17025.

7. a) Compromisos claros, medibles y orientados al ciudadano.

8. c) Centralización.

9. c) Equidad.

10. c) Son ciertas a) y b).

11. c) Percepción - Expectativas.

12. b) Calidad total.

13. c) Las opciones a) y b) son ciertas.

14. b) A las condiciones que debe cumplir una estructura, un proceso, o un resultado, para que se le pueda considerar de calidad.

15. a) Auditoría.

TEST N.º 12

Concepto y definición de: Salud biopsicosocial, salud individual, poblacional y salud comunitaria

1. ¿Qué modelo define la salud como un equilibrio dinámico entre aspectos físicos, mentales y sociales?

a) Salud individual.
b) Salud comunitaria.
c) Salud biopsicosocial.

2. ¿Qué se estudia en la salud poblacional?

a) La salud de una comunidad específica.
b) La salud de un individuo único.
c) La salud de grupos o colectividades mediante indicadores como mortalidad y morbilidad.

3. ¿Qué distingue a la salud comunitaria?

a) Estudia patrones y determinantes de grupos grandes.
b) Se centra en promover el bienestar en una comunidad específica con un enfoque participativo.
c) Define la salud como un equilibrio biopsicosocial.

4. ¿Cuál es el alcance de la salud biopsicosocial?

a) Local y cultural.
b) Integral, aplicable a todos los niveles.
c) Basado en datos macro y colectivos.

5. ¿Qué tipos de variables toma en cuenta la concepción social de la salud?

a) Los niveles Físico y Psíquico.
b) Los niveles Físico, Psíquico y Social.
c) Los niveles Biológico, Histórico y Social.

6. ¿En qué modelo de salud destaca la jerarquización de las necesidades de las personas, de Maslow?

a) Modelo de evolución.
b) Modelo de adaptación.
c) Modelo de capacidad de trabajo de la persona.

7. ¿Qué modelo de salud es aquel que considera a esta la ausencia de síntomas de la enfermedad?

a) Modelo médico.
b) Modelo ecológico.
c) Modelo de capacidad laboral del sujeto.

8. ¿A qué no se refieren los aspectos sociales del concepto de salud en la actualidad?

a) Al bienestar social.
b) Al proceso de adaptación y desadaptación al medio.
c) Al trabajo social productivo.

9. ¿Cómo debemos entender los conceptos de salud y enfermedad?

a) Como estados diferentes y perfectamente diferenciados.
b) Como parte de un proceso único, el proceso Salud-Enfermedad.
c) Como estados diferentes pero relacionados entre sí.

10. ¿Qué enfoques posee el actual concepto de salud?

a) Fisiológico y estático.
b) Ecológico y dinámico.
c) Ecológico y estático.

11. ¿Qué dato clínico consideras que es un signo?

a) Cefalea.
b) Ictericia.
c) Astenia.

12. ¿Quién descubrió la vacuna de la viruela?

a) Edward Jenner.
b) Johann Peter Frank.
c) Edwin Chadwick.

13. ¿A qué hace referencia la demoecología?

a) La interacción del medio ambiente y el hombre como individuo.
b) La interacción del medio ambiente y el hombre como comunidad.
c) La interacción del medio ambiente y el hombre como poblaciones.

14. ¿Qué término ecológico hace referencia a "complejo inerte donde se desenvuelve la vida de una comunidad biótica"?

a) Biotopo.
b) Biocenosis.
c) Nicho ecológico.

15. Cuando a lo largo de la historia se ha considerado que la salud está influenciada por las condiciones del medio en el que se habita, se habla de una concepción:

a) Mágico-religiosa.
b) Miasmática.
c) Multicausal y ecológica.

En MADTEST tienes **más preguntas de este tema**, y todos tus avances quedan registrados y se reflejan en el ranking.

¡Supera tus límites con MADTEST!

Solución al test n.º 12

1. c) Salud biopsicosocial.

2. c) La salud de grupos o colectividades mediante indicadores como mortalidad y morbilidad.

3. b) Se centra en promover el bienestar en una comunidad específica con un enfoque participativo.

4. b) Integral, aplicable a todos los niveles.

5. c) Los niveles Biológico, Histórico y Social.

6. a) Modelo de evolución.

7. a) Modelo médico.

8. a) Al bienestar social.

9. b) Como parte de un proceso único, el proceso Salud-Enfermedad.

10. b) Ecológico y dinámico.

11. b) Ictericia.

12. a) Edward Jenner.

13. c) La interacción del medio ambiente y el hombre como poblaciones.

14. a) Biotopo.

15. c) Multicausal y ecológica.

Determinantes sociales en salud. Prevención y promoción de la salud. Carta de Ottawa (1986). Niveles de prevención en adicciones

1. ¿Qué documento establece los principios fundamentales para la promoción de la salud?

a) La Declaración de Alma-Ata.
b) La Carta de Ottawa de 1986.
c) La Estrategia Global de Salud para Todos.

2. ¿Cuál es el objetivo principal de la prevención primaria en adicciones?

a) Reducir las complicaciones y daños asociados a las adicciones.
b) Evitar la aparición del consumo de sustancias adictivas.
c) Detectar precozmente el consumo y prevenir que se convierta en una adicción severa.

3. ¿A qué nivel de prevención pertenece la identificación temprana de comportamientos de riesgo en adicciones?

a) Prevención primaria.
b) Prevención secundaria.
c) Prevención terciaria.

4. ¿Qué estrategia corresponde a la prevención terciaria en adicciones?

a) Tratamientos específicos como programas de desintoxicación y rehabilitación.
b) Promoción de hábitos saludables y alternativas de ocio.
c) Programas educativos sobre los riesgos del consumo.

5. ¿Qué nivel de prevención busca reducir factores de riesgo antes de que ocurra el consumo de sustancias adictivas?

a) Prevención primaria.
b) Prevención secundaria.
c) Prevención terciaria.

6. ¿A qué entidad se le atribuye la siguiente definición de prevención: cualquier medida que permita reducir la probabilidad de aparición de una afección o enfermedad o bien interrumpir o aminorar su progresión"?

a) OMS.
b) Ministerio De Sanidad Español.
c) Canadian Task Force.

7. Respecto a la prevención, señale lo falso:

a) La prevención primaria persigue disminuir la probabilidad de aparición de afecciones y enfermedades.
b) La prevención secundaria busca la interrupción o enlentecimiento de la progresión de la enfermedad.
c) La prevención primaria incluye la rehabilitación precoz.

8. El cribaje es una prueba de prevención:

a) Primaria.
b) Secundaria.
c) Terciaria.

9. La prevención terciaria consiste, fundamentalmente, en:

a) El diagnóstico precoz.
b) La rehabilitación.
c) La disminución de la incidencia.

10. ¿Qué inadecuado estilo de vida incrementa la presencia de cáncer de pulmón en la población?

a) Consumo excesivo de alcohol.
b) Tabaquismo.
c) Dieta rica en grasas.

11. ¿Cuál de los siguientes es un ejemplo de determinante social de la salud?

a) Presión arterial.
b) Actividad física.
c) Ingresos y condiciones socioeconómicas.

12. ¿Cuál de los siguientes factores NO es considerado un determinante social de la salud?

a) Género.
b) Genética.
c) Redes de apoyo social y comunitario.

13. ¿Qué tipo de acción preventiva consideras de nivel primario?

a) Cribaje (*screening*).
b) Rehabilitación funcional.
c) Inmunización.

14. ¿Cómo se denomina el nivel de prevención que se desarrolla antes de que la enfermedad se origine, según el momento de actuación de la historia natural de la enfermedad?

a) Primaria.
b) Secundaria.
c) Terciaria.

15. La prevención primaria se lleva a cabo durante la enfermedad en el periodo:

a) Prepatogénico.
b) Presintomático.
c) Convaleciente.

Solución al test n.º 13

1. b) La Carta de Ottawa de 1986.

2. b) Evitar la aparición del consumo de sustancias adictivas.

3. b) Prevención secundaria.

4. a) Tratamientos específicos como programas de desintoxicación y rehabilitación.

5. a) Prevención primaria.

6. c) Canadian Task Force.

7. c) La prevención primaria incluye la rehabilitación precoz.

8. b) Secundaria.

9. b) La rehabilitación.

10. b) Tabaquismo.

11. c) Ingresos y condiciones socioeconómicas.

12. b) Genética.

13. c) Inmunización.

14. a) Primaria.

15. a) Prepatogénico.

Competencias de Salud según la
Estrategia actual de Madrid Salud

1. ¿Qué aspecto del concepto de competencia municipal no es correcto?

a) Es de ámbito sectorial.
b) Son facultades atribuidas al Municipio.
c) El Municipio no puede ni debe actuar con arreglo a Derecho, sino dentro de sus propias decisiones, aún en contra de las normativas.

2. ¿En qué normativa se recoge las competencias municipales?

a) Ley 7/1985.
b) Ley 27/2012.
c) Ley 12/2001.

3. ¿Quién podrá delegar en las Entidades Locales el ejercicio de sus competencias?

a) El Estado.
b) Las Comunidades Autónomas.
c) El Estado y las Comunidades Autónomas.

4. ¿Cuándo las Entidades Locales podrán ejercer competencias distintas de las propias y de las atribuidas por delegación? Sólo cuando...

a) Así los dicte el propio pleno municipal.
b) No se ponga en riesgo la sostenibilidad financiera del conjunto de la Hacienda municipal y no se incurra en un supuesto de ejecución simultánea del mismo servicio público con otra Administración Pública.
c) Así los dicte el propio pleno municipal y la Diputación provincial dé el visto bueno.

5. ¿En qué artículo de la Ley 7/1985, de 2 de abril, Reguladora de las Bases del Régimen Local recoge las competencias propias de los municipios? En el artículo...

a) 8.
b) 25.
c) 33.

6. ¿Cuál de las competencias propias de las Entidades Locales está relacionada con el medio ambiente urbano?

a) Protección y gestión del Patrimonio histórico.
b) Gestión de los residuos sólidos urbanos.
c) Gestión, ejecución y disciplina urbanística.

7. ¿Qué competencias no son propias de las Entidades Locales?

a) Policía local, protección civil, prevención y extinción de incendios.
b) Protección de la salubridad pública.
c) Todas las anteriores son competencias propias de las Entidades Locales.

8. ¿En qué centros educativos públicos no tienen competencias propias las Entidades Locales respecto a la conservación, mantenimiento y vigilancia de los edificios de titularidad local?

a) Educación infantil y educación primaria.
b) Educación especial.
c) Educación secundaria.

9. ¿Qué principios debe cumplir las competencias propias de las Entidades Locales por Ley y que deberá ir acompañada de una memoria económica que refleje el impacto sobre los recursos financieros de las Administraciones Públicas afectadas?

a) Equidad, universalidad y equilibrio económico.
b) Estabilidad, sostenibilidad financiera y eficiencia del servicio o la actividad.
c) No discriminación, sostenibilidad financiera y rigor en la calidad del servicio.

10. ¿Para qué se llevaron a cabo los Acuerdos de la Villa, de 7 julio de 2020, mediante aprobación por el Pleno del Ayuntamiento de Madrid? Se llevaron a cabo para...

a) La ejecución de la estrategia Madrid, una ciudad saludable.
b) La elaboración y firma de convenios con instituciones públicas y privadas en materia de salud pública y de drogodependencias y otros trastornos adictivos.
c) Reactivar la ciudad tras la pandemia.

11. ¿Qué competencia de las que se nombra es delegada en el Gerente del Organismo Autónomo Madrid Salud?

a) Fomentar la implantación de códigos y manuales de Buenas Prácticas y Sistemas de Autocontrol en materias de seguridad alimentaria y salud ambiental.
b) Efectuar las convocatorias de las sesiones por orden del Presidente, así como las citaciones a los miembros del Consejo Rector.
c) Expedir copias auténticas de los documentos públicos y privados del organismo.

12. ¿A quién corresponde respecto al Organismo Autónomo Madrid Salud, la rectificación de errores regulada en el artículo 109.2 de la citada Ley 39/2015, de 1 de octubre, del Procedimiento Administrativo Común de las Administraciones Públicas? Corresponde al...

a) Consejo Rector del organismo público, de conformidad con lo previsto en sus respectivos estatutos.
b) Gerente del Organismo Autónomo Madrid Salud, de conformidad con lo previsto en sus respectivos estatutos.
c) A ninguno de los anteriores.

13. ¿Qué áreas abarca las competencias principales de Madrid Salud, un organismo autónomo del Ayuntamiento de Madrid, que se definen en la Estrategia de Prevención y Promoción de la Salud "Madrid, una Ciudad Saludable 2021-2024"?

a) La prevención de enfermedades.
b) La Promoción de la salud.
c) La Promoción de la salud, la prevención de enfermedades y la gestión de factores ambientales y sociales que impactan la calidad de vida.

14. ¿Qué gestión de las que se nombran son del área de salud ambiental, de las que es competencia Madrid Salud?

a) Evaluación de riesgos laborales y diseño de estrategias de prevención.
b) Vigilancia y control de la calidad del aire, agua y suelos.
c) Prevención de enfermedades transmisibles y no transmisibles mediante campañas de sensibilización.

15. ¿Para qué agente es el diagnóstico, bien sea antigénico (germen) o anticuerpo, se creará por la revisión de la estrategia Madrid, una ciudad saludable, de Madrid Salud y de los CMSc, un punto de diagnóstico? Para...

a) Virus influenza.
b) Coronavirus.
c) Estreptococo betahemolítico del grupo A.

En MADTEST tienes **más preguntas de este tema**, y todos tus avances quedan registrados y se reflejan en el ranking.

¡Supera tus límites con MADTEST!

Solución al test n.º 14

1. c) El Municipio no puede ni debe actuar con arreglo a Derecho, sino dentro de sus propias decisiones, aún en contra de las normativas.

2. a) Ley 7/1985.

3. c) El Estado y las Comunidades Autónomas.

4. b) No se ponga en riesgo la sostenibilidad financiera del conjunto de la Hacienda municipal y no se incurra en un supuesto de ejecución simultánea del mismo servicio público con otra Administración Pública.

5. b) 25.

6. b) Gestión de los residuos sólidos urbanos.

7. c) Todas las anteriores son competencias propias de las Entidades Locales.

8. c) Educación secundaria.

9. b) Estabilidad, sostenibilidad financiera y eficiencia del servicio o la actividad.

10. c) Reactivar la ciudad tras la pandemia.

11. a) Fomentar la implantación de códigos y manuales de Buenas Prácticas y Sistemas de Autocontrol en materias de seguridad alimentaria y salud ambiental.

12. b) Gerente del Organismo Autónomo Madrid Salud, de conformidad con lo previsto en sus respectivos estatutos.

13. c) La Promoción de la salud, la prevención de enfermedades y la gestión de factores ambientales y sociales que impactan la calidad de vida.

14. b) Vigilancia y control de la calidad del aire, agua y suelos.

15. b) Coronavirus.

TEST N.º 15

El municipio como entorno promotor de la salud. La salud en el Municipio de Madrid

1. ¿Qué caracteriza a un municipio promotor de la salud según la OMS?

a) La implementación de estrategias únicamente para prevenir enfermedades.
b) La integración de la salud como eje transversal en todas sus políticas públicas.
c) La responsabilidad exclusiva de los servicios sanitarios estatales.

2. ¿Cuál es un principio clave de un municipio promotor de la salud?

a) Enfocarse exclusivamente en la sostenibilidad ambiental.
b) Garantizar acceso equitativo a servicios de salud para toda la población.
c) Desarrollar campañas puntuales de educación sanitaria sin planificación continua.

3. ¿Qué busca la Estrategia de Alimentación Saludable y Sostenible 2022-2025 del Ayuntamiento de Madrid?

a) Promover exclusivamente la dieta mediterránea.
b) Desarrollar sistemas alimentarios sostenibles, inclusivos y resilientes.
c) Reducir la publicidad de alimentos no saludables.

4. ¿Qué principio promueve la participación comunitaria en un municipio saludable?

a) La implementación de políticas públicas sostenibles.
b) La exclusividad de decisiones por parte de las autoridades municipales.
c) La inclusión activa de los ciudadanos en la toma de decisiones.

5. ¿Qué incluye la promoción de entornos saludables en un municipio?

a) Creación de parques y zonas deportivas.
b) Reducción exclusiva de emisiones de CO_2.
c) Regulación del uso de transporte motorizado.

6. ¿Cuál es un ejemplo de estrategia de prevención de enfermedades en Madrid Salud?

a) Creación de huertos urbanos.
b) Mejorar infraestructuras deportivas.
c) Talleres educativos sobre nutrición y actividad física.

7. ¿Cuál es uno de los objetivos del Plan de Barrios Saludables?

a) Incrementar la inversión en tecnologías médicas.
b) Fomentar el uso de transporte eléctrico en zonas urbanas.
c) Reducir desigualdades sociales y de salud en barrios desfavorecidos.

8. ¿Qué promueve el fomento del ejercicio físico en el Plan de Barrios Saludables?

a) Actividades culturales exclusivas.
b) Programas de actividad física como caminatas guiadas y clases gratuitas.
c) Ampliación de estaciones de bicicletas públicas.

9. ¿Cuál es un ejemplo de iniciativa de alimentación saludable en centros comunitarios?

a) Talleres de cocina y creación de huertos urbanos.
b) Promoción exclusiva de menús escolares equilibrados.
c) Desarrollo de nuevas infraestructuras de mercado.

10. ¿Qué incluye el programa de promoción de la salud mental en Madrid?

a) Talleres de habilidades para la vida y consultas psicológicas.
b) Creación de parques y jardines urbanos.
c) Fomento exclusivo de redes sociales vecinales.

11. ¿Qué acción fomenta la movilidad sostenible en Madrid?

a) Creación de nuevas autovías urbanas.
b) Ampliación de la red de carriles bici y transporte público eficiente.
c) Sustitución de autobuses por sistemas exclusivos de taxis eléctricos.

12. ¿Cuál es una acción destacada en los espacios verdes del Ayuntamiento de Madrid?

a) Creación exclusiva de instalaciones deportivas privadas.
b) Sustitución de áreas verdes por zonas de aparcamiento.
c) Desarrollo de parques y huertos urbanos comunitarios.

13. ¿Qué buscan las iniciativas de salud escolar en Madrid?

a) Mejorar exclusivamente el rendimiento académico.
b) Promover hábitos saludables, bienestar emocional y prevención de acoso escolar.
c) Implementar horarios más largos para actividades extracurriculares.

14. ¿Qué incluyen los programas de educación nutricional en escuelas?

a) Sustitución de alimentos tradicionales por suplementos.
b) Talleres de cocina y visitas a mercados locales.
c) Fomento exclusivo de dietas basadas en suplementos proteicos.

15. ¿Cuál es un objetivo clave de los Centros Municipales de Salud Comunitaria?

a) Prevención de enfermedades y promoción de la salud.
b) Fomentar redes de transporte urbano.
c) Reestructurar infraestructuras privadas de salud.

En MADTEST tienes **más preguntas de este tema**, y todos tus avances quedan registrados y se reflejan en el ranking.

¡Supera tus límites con MADTEST!

Solución al test n.º 15

1. b) La integración de la salud como eje transversal en todas sus políticas públicas.

2. b) Garantizar acceso equitativo a servicios de salud para toda la población.

3. b) Desarrollar sistemas alimentarios sostenibles, inclusivos y resilientes.

4. c) La inclusión activa de los ciudadanos en la toma de decisiones.

5. a) Creación de parques y zonas deportivas.

6. c) Talleres educativos sobre nutrición y actividad física.

7. c) Reducir desigualdades sociales y de salud en barrios desfavorecidos.

8. b) Programas de actividad física como caminatas guiadas y clases gratuitas.

9. a) Talleres de cocina y creación de huertos urbanos.

10. a) Talleres de habilidades para la vida y consultas psicológicas.

11. b) Ampliación de la red de carriles bici y transporte público eficiente.

12. c) Desarrollo de parques y huertos urbanos comunitarios.

13. b) Promover hábitos saludables, bienestar emocional y prevención de acoso escolar.

14. b) Talleres de cocina y visitas a mercados locales.

15. a) Prevención de enfermedades y promoción de la salud.

Ley 41/2002, de 14 de noviembre, básica reguladora de la autonomía del paciente y de derechos y obligaciones en materia de información y documentación clínica (I): Derecho a la información sanitaria. El derecho a la intimidad. El respeto de la autonomía del paciente. El consentimiento informado

1. Está obligado a guardar secreto profesional:

a) El médico especialista.
b) El médico y el técnico especialista.
c) Todos los que intervengan en la acción sanitaria del paciente.

2. El tiempo de vigencia del secreto profesional es hasta:

a) La duración de la relación con el paciente.
b) Toda la vida del paciente.
c) Incluso hasta después de la muerte del paciente.

3. ¿Qué condición es aquella que posee el secreto profesional del deber de guardar el hecho conocido cuando este pueda producir resultados nocivos o injustos sobre el paciente si se viola el mismo?

a) Condición moral.
b) Condición jurídica.
c) Condición legal.

4. ¿A quién obliga el secreto profesional a nivel de profesionales de la sanidad constituyentes de equipos o grupos de trabajo?

a) A los facultativos.
b) A los enfermeros.
c) A los profesionales integrantes del grupo de trabajo.

5. Cualquier menosprecio al secreto profesional será contrario a:

a) Los principios deontológicos de la práctica sanitaria.
b) Los principios éticos de la práctica sanitaria.
c) Los principios éticos, deontológicos y legales de la práctica sanitaria.

6. La violación del secreto profesional puede ocasionar:

a) Exclusivamente responsabilidad civil.
b) Exclusivamente responsabilidad penal.
c) Responsabilidad profesional o estatutaria, responsabilidad civil y responsabilidad penal.

7. ¿Qué otro requisito de un contrato se requiere junto a los de la causa y el objeto del mismo?

a) Confidencialidad.
b) Protección de datos.
c) Consentimiento.

8. ¿En qué contexto socioeconómico, sanitario y sociocultural se da el actual consentimiento informado?

a) Paternalista.
b) Bajo el principio de beneficencia.
c) Autonomía y capacidad de decisión del propio paciente.

9. Los profesionales sanitarios no tienen el deber ético de:

a) Respetar del paciente su autonomía, su voluntad y sus decisiones.
b) Actuar con justicia y con discriminación.
c) Evitar el mal y buscar el bien de los pacientes.

10. ¿Cómo se actuará cuando debido a una situación de urgencia, no pueda obtenerse el consentimiento adecuado del afectado?

a) Se informará a la guardia civil del hecho.
b) Se informará a su médico de cabecera.
c) Se podrá proceder inmediatamente a cualquier intervención indispensable desde el punto de vista médico a favor de la salud de la persona afectada.

11. ¿Qué fundamento ético es aquel que exige que todas las personas sean tratadas con el mismo respeto y consideración en el orden social?

a) Justicia.
b) No maleficencia.
c) Autonomía.

12. El consentimiento informado (aceptación):

a) Culmina siempre con la aceptación del paciente a un procedimiento diagnóstico o terapéutico.

b) Culmina con la aceptación/negación del paciente a un procedimiento diagnóstico o terapéutico.

c) Se contempla como un proceso de transmisión de responsabilidades hacia el paciente.

13. Si un paciente se niega a firmar el Consentimiento Informado:

a) El médico especialista tiene el deber de ejercer la presión necesaria para que cambie de opinión, ya que es lo mejor para su salud.

b) Se le debe instar a firmar su "no autorización" y el alta voluntaria.

c) El enfermo tiene la obligación de revelar por escrito las causas que le llevan a tomar esta decisión.

14. El derecho de toda persona a que se respete el carácter confidencial de los datos referentes a su salud, se trata del derecho a:

a) La salud.

b) La intimidad.

c) La autonomía.

15. Según normativa, ¿quién es el titular de derecho a la información asistencial?

a) Exclusivamente el paciente.

b) El paciente y sus familiares.

c) El paciente, sus familiares y si lo hubiese el tutor legal o responsable.

En MADTEST tienes **más preguntas de este tema**, y todos tus avances quedan registrados y se reflejan en el ranking.

¡Supera tus límites con MADTEST!

Solución al test n.º 16

1. c) Todos los que intervengan en la acción sanitaria del paciente.

2. c) Incluso hasta después de la muerte del paciente.

3. a) Condición moral.

4. c) A los profesionales integrantes del grupo de trabajo.

5. c) Los principios éticos, deontológicos y legales de la práctica sanitaria.

6. c) Responsabilidad profesional o estatutaria, responsabilidad civil y responsabilidad penal.

7. c) Consentimiento.

8. c) Autonomía y capacidad de decisión del propio paciente.

9. b) Actuar con justicia y con discriminación.

10. c) Se podrá proceder inmediatamente a cualquier intervención indispensable desde el punto de vista médico a favor de la salud de la persona afectada.

11. a) Justicia.

12. b) Culmina con la aceptación/negación del paciente a un procedimiento diagnóstico o terapéutico.

13. b) Se le debe instar a firmar su "no autorización" y el alta voluntaria.

14. b) La intimidad.

15. a) Exclusivamente el paciente.

Estrategia de prevención y Promoción de la Salud (Madrid, una ciudad saludable 2021-2024): Principios rectores y criterios metodológicos. Objetivos

1. ¿Qué período abarca la estrategia de Prevención y Promoción de la Salud, Madrid, una Ciudad Saludable? Abarca el período comprendido entre...

a) 2016 a 2024.
b) 2019 a 2024.
c) 2021 a 2024.

2. ¿En qué experiencias se basa la estrategia de Prevención y Promoción de la Salud, Madrid, una Ciudad Saludable? Se basa en...

a) Estrategias anteriores de Gente Saludable (2010- 2015) y Barrios Saludables (2016-2019).
b) El Plan Madrid Ciudad de los Cuidados, así como los aprendizajes obtenidos de las evaluaciones realizadas.
c) Se basa en todo lo anterior.

3. ¿Cuál es el objetivo final de la estrategia de Prevención y Promoción de la Salud, Madrid, una Ciudad Saludable?

a) Incrementar la salud en los pueblos de la Comunidad de Madrid e implementar medidas de Educación para la Salud en todas las Áreas de Salud de sus distritos.
b) Aumentar la capacidad de las personas y de las comunidades para incrementar su control sobre los determinantes de la salud en la ciudad de Madrid y, en consecuencia, mejorarla.
c) Promocionar la salud en la Comunidad de Madrid.

4. ¿Para cuan do estaba prevista la presentación de la estrategia de Prevención y Promoción de la Salud, Madrid, una Ciudad Saludable?

a) Primavera de 2020.
b) Invierno de 2021.
c) Primavera de2021.

5. ¿Qué afirmación es incorrecta respecto a la estrategia de Prevención y Promoción de la Salud, Madrid, una Ciudad Saludable y su relación con la COVID- 19?

a) Los programas marco han tenido que ser revisado (objetivos, metodología y actuaciones) como consecuencia de esta situación de crisis sanitaria.

b) La COVID- 19 no ha acrecentado las desigualdades en salud de la población madrileña.

c) Las circunstancias que rodean a la pandemia condicionan los hábitos saludables.

6. ¿Qué enfoque es aquel que implica considerar las necesidades de salud desde una perspectiva física, psicológica y social que tenga en cuenta los factores individuales, familiares, interpersonales, organizacionales y comunitarios en los que se suceden los problemas de salud? Un enfoque...

a) Sostenible.

b) Integral.

c) Individualizante.

7. ¿Qué organismo internacional indica como recomendación que la prevención y la promoción de la salud como herramienta fundamental para reducir la inequidad social en salud?

a) La OMS.

b) La Comisión Europea.

c) La OMS y la Comisión Europea.

8. ¿Sobre qué aspecto en salud pública se debe actuar para logra el principio de equidad en salud y de esta manera reducir las desigualdades? Actuar sobre...

a) Los determinantes demográficos de la salud.

b) Los determinantes ambientales de la salud.

c) Los determinantes sociales de la salud.

9. ¿Cómo es el entorno de la promoción de la salud y la prevención de la enfermedad en la ciudad de Madrid?

a) Complejo, diverso y multicultural.

b) Sencillo, semejante y multicultural.

c) Simple, diverso y monocultural.

10. ¿Qué criterio metodológico de la estrategia de Prevención y Promoción de la Salud, Madrid, una Ciudad Saludable implica partir de una visión integral de las personas, bio-psico-social?

a) Enfoque salutogénico.

b) Orientación comunitaria.

c) Trabajo en equipo, interprofesional e interdisciplinar.

11. ¿En qué acontecimiento o acto se ponía de manifiesto la importancia de una acción concreta y eficaz de la comunidad para establecer las prioridades de salud, la adopción de decisiones y la planificación de estrategias y su implementación con el fin de mejorar la salud?

a) Conferencia Internacional de Población y Desarrollo. (1994).
b) Carta de Ottawa para la promoción de la salud (1986).
c) Conferencia Internacional de Alma Ata (1978).

12. ¿Qué significa un enfoque salutogénico? Significa que el foco se debe centrar en...

a) Los factores patógenos (origen de la enfermedad).
b) Los factores que ayudan a mejorar la salud.
c) Los factores comunitarios.

13. ¿Qué nombre recibe la metodología para la identificación de los activos de salud de cada barrio?

a) Carta de Agentes Etiológicos por Zonas.
b) Mapeo de Activos en Salud.
c) Mapa de Agentes Nocivos.

14. ¿Cómo se construyen y quién construye los Mapeos de Activos en Salud además de los profesionales sanitarios implicados? Se construyen con la participación...

a) La comunidad (ciudadanía), marcando los espacios que en su entorno son fuente de bienestar en su vida cotidiana.
b) La comunidad (ciudadanía), marcando los espacios que en su entorno son fuente de malestar en su vida cotidiana.
c) Los trabajadores y educadores sociales, marcando los espacios que en su entorno son fuente de malestar en su vida cotidiana.

15. ¿Qué orientación tendrán las intervenciones o actuaciones individuales y grupales en los Centros Municipales de Salud Comunitaria de Madrid? Tendrán una orientación...

a) Individual y comunitaria.
b) Comunitaria y parcial.
c) Comunitaria e integral.

En MADTEST tienes **más preguntas de este tema**, y todos tus avances quedan registrados y se reflejan en el ranking.

¡Supera tus límites con MADTEST!

Solución al test n.º 17

1. c) 2021 a 2024.

2. c) Se basa en todo lo anterior.

3. b) Aumentar la capacidad de las personas y de las comunidades para incrementar su control sobre los determinantes de la salud en la ciudad de Madrid y, en consecuencia, mejorarla.

4. a) Primavera de 2020.

5. b) La COVID-19 no ha acrecentado las desigualdades en salud de la población madrileña.

6. b) Integral.

7. c) La OMS y la Comisión Europea.

8. c) Los determinantes sociales de la salud.

9. a) Complejo, diverso y multicultural.

10. b) Orientación comunitaria.

11. b) Carta de Ottawa para la promoción de la salud (1986).

12. b) Los factores que ayudan a mejorar la salud.

13. b) Mapeo de Activos en Salud.

14. a) La comunidad (ciudadanía), marcando los espacios que en su entorno son fuente de bienestar en su vida cotidiana.

15. c) Comunitaria e integral.

TEST N.º 18

El Organismo Autónomo Madrid Salud. Estructura (I): Los Centros Municipales de Salud comunitaria (CMSc) incluido CMS Joven. Centro de prevención del deterioro cognitivo. Centro Madrid Salud Internacional. Centro de especialidades médicas. Centro de Salud Bucodental. Centro de diagnóstico por imagen. Centro de apoyo a la seguridad, Laboratorio análisis clínicos

1. ¿Cuál de las siguientes atenciones prestan los Centros Municipales de Salud Comunitaria es incorrecta?

a) Asistencia en sistema copago.
b) Asistencia gratuita.
c) Asistencia privada.

2. ¿Cuál es el número de Centros Municipales de Salud Comunitaria es incorrecta que ofrece el Ayuntamiento de Madrid?

a) Diez.
b) Dieciséis.
c) Ocho.

3. Dentro de los servicios prestados por los Centros Municipales de Salud Comunitaria, ¿a cuál de ellos corresponden las actividades consistentes en talleres grupales sobre bienestar emocional y prevención de la ansiedad?

a) A la Salud mental.
b) Al tabaquismo.
c) A la Soledad no deseada.

4. Con carácter general, ¿hasta qué edad son atendidos los adolescentes y jóvenes en el Centro Joven?

a) Hasta los 18 años.
b) Hasta los 21 años.
c) Hasta los 16 años.

5. ¿A cuál de las siguientes poblaciones no se encuentra dirigido el Dónde se encuentra el Centro de Prevención del Deterioro Cognitivo?

a) A personas cuya alteración cognitiva sea debida a enfermedad neurológica.
b) A personas mayores de 65 años.
c) A familiares de los pacientes con deterioro cognitivo.

6. ¿Cómo se denomina la plataforma estimulación cognitiva para la realización de ejercicios *online* para personas con deterioro cognitivo leve?

a) Nemotecnia.
b) Dememory.
c) Mejora la memoria.

7. ¿Qué carácter tiene la consulta en el Centro Madrid Salud Internacional?

a) Gratuita.
b) Gratuita, sin perjuicio de que algunas vacunas pueden conllevar costes.
c) Privada, sin perjuicio de que algunas vacunas puedan resultar gratuitas.

8. ¿Cuál de los siguientes servicios no es prestado por el Centro Madrid Salud Internacional a las personas que planean viajar a zonas tropicales o a países en desarrollo?

a) Consejo sanitario individualizado.
b) Vacunación recomendada para el viaje.
c) La celebración de seguro sanitario con cobertura para el viaje.

9. ¿A quién se encuentra destinado el Centro de Salud Bucodental de Madrid Salud?

a) A los niños/as incluidos en el Programa de Salud Bucodental en la Escuela.
b) A los mayores de 21 años.
c) A los niño/as menores de 14 años.

10. ¿Cómo se denomina la unidad perteneciente al Centro de Diagnóstico Médico donde se realizan densitometrías?

a) Unidad de Diagnóstico por Imagen.
b) Unidad de Diagnóstico Médico.
c) Atención primaria.

11. ¿Cuál de las siguientes opciones sobre la Unidad de Diagnóstico Médico del Centro de Diagnóstico Médico es correcta?

a) Presta atención exclusivamente individual para el manejo de la ansiedad y el estrés.
b) Presta atención exclusivamente a grupos para el manejo de la ansiedad y el estrés.
c) Presta atención individual y en grupos para el manejo de la ansiedad y el estrés.

12. ¿Cómo se denomina el Centro que presta servicios de reconocimiento a víctimas de agresiones?

a) Centro de apoyo a la seguridad.
b) Centro de Diagnóstico Médico.
c) Laboratorio para la Salud Pública.

13. ¿A cuál de los siguientes sectores presta servicio el Laboratorio para la Salud Pública?

a) Centro de apoyo a la seguridad.
b) Centro de Diagnóstico Médico.
c) Laboratorio para la Salud Pública.

14. ¿Cuál de los siguientes no es un servicio prestado por el Laboratorio para la Salud Pública?

a) Atender de forma prioritaria los brotes y alertas alimentarias para determinar el agente etiológico causante de las toxiinfecciones.
b) Investigar la autenticidad de las bebidas espirituosas y otras bebidas alcohólicas garantizando que su composición y características responden a la denominación de venta.
c) Vacunación de Hepatitis B.

15. ¿Cuál de los siguientes presta servicios para determinar la presencia de sustancias estupefacientes y psicotrópicas en los conductores del municipio de Madrid, mediante análisis de las muestras biológicas de fluido oral y en las muestras decomisadas en los supuestos de infracciones administrativas remitidas por la Policía Municipal de Madrid?

a) El Instituto de Medicina Legal.
b) El Laboratorio para la Salud Pública.
c) El Centro de apoyo a seguridad.

En MADTEST tienes **más preguntas de este tema**, y todos tus avances quedan registrados y se reflejan en el ranking.

¡Supera tus límites con MADTEST!

Solución al test n.º 18

1. b) Asistencia gratuita.

2. b) Dieciséis.

3. a) A la Salud mental.

4. b) Hasta los 21 años.

5. a) A personas cuya alteración cognitiva sea debida a enfermedad neurológica.

6. c) Mejora la memoria.

7. b) Gratuita, sin perjuicio de que algunas vacunas pueden conllevar costes.

8. c) La celebración de seguro sanitario con cobertura para el viaje.

9. a) A los niños/as incluidos en el Programa de Salud Bucodental en la Escuela.

10. a) Unidad de Diagnóstico por Imagen.

11. c) Presta atención individual y en grupos para el manejo de la ansiedad y el estrés.

12. a) Centro de apoyo a la seguridad.

13. c) Laboratorio para la Salud Pública.

14. c) Vacunación de Hepatitis B.

15. b) El Laboratorio para la Salud Pública.

El Organismo Autónomo Madrid Salud. Estructura (II):
Centros de Atención a las Adicciones (CAD)

1. ¿Qué artículo de la Constitución Española establece el derecho a la protección de la salud?

a) El artículo 42 de la Constitución Española.
b) El artículo 14 de la Constitución Española.
c) El artículo 24 de la Constitución Española.

2. ¿Cuándo se aprobaron por el Pleno Municipal del Ayuntamiento de Madrid aprobó los Estatutos del Organismo Autónomo Madrid Salud?

a) 2 de mayo de 2014.
b) 19 de noviembre de 2004.
c) 1877.

3. Según dispone el artículo 3 de los Estatutos de Madrid Salud, ¿a quién corresponde la formación en materias de salud pública, drogodependencias y otros trastornos adictivos a entidades y profesionales públicos o privados, incluido personal municipal, sin perjuicio de las competencias atribuidas a otros órganos del Ayuntamiento de Madrid, así como la acreditación de dicha formación?

a) Al Servicio Madrileño de Salud (SERMAS).
b) A los Centros de Atención a las Adicciones (CAD).
c) Al Organismo Autónomo de Madrid Salud.

4. Según dispone el artículo 3 de los Estatutos de Madrid Salud, ¿la aprobación y ejecución de qué plan corresponde al Organismo Autónomo Madrid Salud?

a) La aprobación y ejecución del Plan Municipal sobre Drogodependencias y otros trastornos adictivos.
b) La aprobación y ejecución del Plan Nacional sobre Drogas.
c) La aprobación y ejecución del Plan Regional contra las Drogas.

5. ¿A quién se encuentra dirigido el Servicio de Orientación Familiar (SOF) que llevan a cabo los Centros de Atención a las Adicciones (CAD) dentro del Servicio de prevención de adicciones (PAD)?

a) A todas las familias que lo necesiten de la ciudad de Madrid.

b) A todas las familias que lo necesiten de la Comunidad de Madrid.

c) A familiares de adolescentes y jóvenes menores de 25 años.

6. ¿Cómo se denomina el servicio prestado en los Centros de Atención a las Adicciones (CAD) cuyo objetivo principal es la detección y captación de personas con adicciones que no acceden fácilmente a los centros de tratamiento ambulatorio, proporcionando orientación, información y una intervención social y/o sanitaria básica inmediata a dichas personas?

a) Servicio de prevención de adicciones (PAD).

b) Reducción del daño.

c) Atención integral.

7. Dentro del servicio de reducción del daño prestado por los Centros de Atención a las Adicciones (CAD), ¿cómo se denomina el servicio de atención y mediación intercultural dirigido a personas de origen extranjero con adicciones?

a) Centro Hospitalario de Patología Dual.

b) Servicio europeo de asistencia personas con adicciones.

c) Programa Istmo.

8. ¿Cómo se denomina el servicio prestado por los Centros de Atención a las Adicciones (CAD) en el que se realiza una valoración biopsicosocial del/la paciente y se ofrece atención y tratamiento a cada persona con adicción y su familia de manera individualizada, contemplando sus aspectos médicos, psicológicos, sociales y familiares, destinada a reducir o extinguir los efectos nocivos de dicha adicción y conseguir mejoras en su estado de salud?

a) Servicio de prevención de adicciones (PAD).

b) Reducción del daño.

c) Acción integral.

9. ¿Los tratamientos prestados por los Centros de Atención a las Adicciones (CAD) incluyen la utilización de tratamientos farmacológicos?

a) No, para el suministro de fármacos el paciente debe ser derivado a un Centro de Diagnóstico Médico.

b) Sí, incluyen la utilización de tratamientos con sustitutivos opiáceos como metadona.

c) No, únicamente se incluyen en los servicios prestados por los CAD programas, atenciones, informaciones, orientaciones y terapia, no pueden suministrar ningún tipo de fármacos.

10. Desde la solicitud, ¿cuál es el plazo en el que se procura que el paciente realice la primera cita en el Centro de Atención a las Adicciones (CAD)?

a) 7 días.
b) 15 días.
c) 30 días.

11. ¿Cuál de los siguientes no es un grupo de población de los considerados con especiales características que precisan una atención conforme a sus necesidades en la intervención en el Centro de Atención a las Adicciones (CAD)?

a) Adolescentes y jóvenes.
b) Drogodependientes sin hogar.
c) Personas con puestos directivos y altos cargos de grandes empresas sometidos a altas dosis de estrés y ansiedad.

12. La mayor parte de los tratamientos se llevan a cabo de forma ambulatoria, si bien, en ocasiones resulta necesario el ingreso en una unidad hospitalaria por algunas semanas. ¿Qué ocurre cuando el paciente finaliza el periodo de ingreso en una unidad hospitalaria?

a) Inicia tratamiento en el Centro de Diagnóstico Médico.
b) Se considera plenamente deshabituado y rehabilitado a todos los efectos.
c) Retoma el tratamiento ambulatorio en el CAD.

13. ¿Cuál es el Centro de Atención a las Adicciones (CAD) que corresponde al Distrito de Moratalaz?

a) CAD de Vallecas.
b) CAD de Tetuán.
c) CAD de Latina.

14. Dentro de las políticas y estrategias en materia de lucha contra la droga desarrolladas por la UE, España y la Comunidad de Madrid, el Ayuntamiento de Madrid tiene un Plan propio, ¿cómo se denomina?

a) Plan de Adicciones 2018/28 de la Ciudad de Madrid.
b) Plan de Adicciones 2022/26 de la Ciudad de Madrid.
c) Plan Nacional sobre Drogas.

15. ¿Cuál de los siguientes no una de las líneas estratégicas del Plan de Adicciones 2022/26 de la Ciudad de Madrid?

a) Limitación del número de personas atendidos para garantizar la estabilidad presupuestaria.

b) Tratamiento integral de las personas con adicciones.

c) Atención y prevención de la adicción al juego.

En MADTEST tienes **más preguntas de este tema**, y todos tus avances quedan registrados y se reflejan en el ranking.

¡Supera tus límites con MADTEST!

Solución al test n.º 19

1. a) El artículo 42 de la Constitución Española.

2. b) 19 de noviembre de 2004.

3. c) Al Organismo Autónomo de Madrid Salud.

4. a) La aprobación y ejecución del Plan Municipal sobre Drogodependencias y otros trastornos adictivos.

5. c) A familiares de adolescentes y jóvenes menores de 25 años.

6. b) Reducción del daño.

7. c) Programa Istmo.

8. c) Acción integral.

9. b) Sí, incluyen la utilización de tratamientos con sustitutivos opiáceos como metadona.

10. b) 15 días.

11. c) Personas con puestos directivos y altos cargos de grandes empresas sometidos a altas dosis de estrés y ansiedad.

12. c) Retoma el tratamiento ambulatorio en el CAD.

13. a) CAD de Vallecas.

14. b) Plan de Adicciones 2022/26 de la Ciudad de Madrid.

15. a) Limitación del número de personas atendidos para garantizar la estabilidad presupuestaria.

TEST N.º 20

Concepto de trabajo en equipo. Equipos multidisciplinares en los Centros del Servicio de Prevención y Promoción de la Salud y Centros de Atención a las Adicciones

1. ¿Qué rol cumplen los equipos multidisciplinares en los Centros Municipales de Salud Comunitaria (CMSc)?

a) Realizan únicamente actividades administrativas.
b) Abordan exclusivamente enfermedades físicas.
c) Ofrecen un enfoque integral para la promoción de la salud y prevención de enfermedades.

2. ¿Quiénes forman parte de los equipos multidisciplinares en los CMSc?

a) Solo médicos y enfermeros.
b) Médicos, psicólogos, trabajadores sociales y educadores en salud.
c) Únicamente personal administrativo.

3. ¿Cuál es una función clave de los trabajadores sociales en los equipos multidisciplinares?

a) Facilitar el acceso a recursos sociales y abordar determinantes sociales de salud.
b) Realizar diagnósticos médicos.
c) Diseñar tratamientos farmacológicos.

4. ¿Qué objetivo tienen los terapeutas ocupacionales en los Centros de Atención a las Adicciones?

a) Ayudar a los pacientes a recuperar habilidades para su vida diaria.
b) Prescribir medicamentos para el control de la adicción.
c) Diseñar políticas de salud pública.

5. ¿Qué herramienta utilizan los equipos multidisciplinares para prevenir recaídas en adicciones?

a) Coaching y seguimiento personalizado.
b) Intervenciones exclusivas de urgencia.
c) Exclusiva administración de tratamientos farmacológicos.

6. ¿Qué circunstancia no concurre en un grupo de trabajo?

a) Decisión voluntaria de pertenencia.
b) Decisión consciente de pertenencia.
c) No tener personalidad propia, sino la puramente grupal.

7. El funcionamiento objetivo de un equipo de trabajo debe reunir todas estas características excepto:

a) Determinación del fin a obtener de modo transparente.
b) El fin a obtener debe ser conocido por todos sus miembros.
c) Ejecución del objetivo, exclusivamente a través del líder o superior.

8. ¿Qué es falso de estas afirmaciones?

a) Un grupo de personas es siempre un equipo de trabajo.
b) Un equipo de trabajo está formado siempre por un grupo de personas.
c) Un equipo es un grupo de personas que se organiza para realizar una actividad con un objetivo preciso.

9. ¿Qué se define como la integración de elementos que da como resultado algo más grande que la simple suma de estos?

a) Antagonismo.
b) Coordinación.
c) Sinergia.

10. ¿En qué etapa de la puesta en marcha de un equipo de trabajo se superan generalmente los enfrentamientos personales y el proyecto comienza a salir adelante?

a) En la etapa de inicio.
b) En la etapa de madurez.
c) En la etapa de acoplamiento.

11. ¿Qué rol es más probable que desempeñe aquel miembro de un equipo de trabajo que se caracteriza por tener mucho gusto y facilidad para las relaciones humanas?

a) El pícaro.
b) El colaborador.
c) El empatizador.

12. ¿Cómo se denomina a aquel sujeto *con capacidad para formar, orientar y dar criterio a un determinado grupo de auxiliares, en una institución sanitaria*?

a) Líder.
b) Intelectual.
c) Asertivo.

13. ¿Qué características de estas debe reunir un líder en un grupo de trabajo multidisciplinario?

a) Actividad, vigor físico y capacidad de trabajo.
b) No necesariamente debe poseer equilibrio emotivo.
c) Poca aptitud para el trato.

14. Cómo se denomina a un grupo de personas que se organiza para realizar una actividad con un objetivo preciso, y que responden en conjunto del trabajo realizado por cada uno de ellos:

a) Grupo de trabajo.
b) Grupo organizado.
c) Equipo.

15. ¿Cuál de las siguientes opciones no corresponde con una de las ventajas del trabajo en equipo?

a) Optimización de recursos materiales y humanos.
b) Se fomenta la competencia entre los profesionales.
c) Disminuye la carga de trabajo.

En MADTEST tienes **más preguntas de este tema**, y todos tus avances quedan registrados y se reflejan en el ranking.

¡Supera tus límites con MADTEST!

Solución al test n.º 20

1. c) Ofrecen un enfoque integral para la promoción de la salud y prevención de enfermedades.

2. b) Médicos, psicólogos, trabajadores sociales y educadores en salud.

3. a) Facilitar el acceso a recursos sociales y abordar determinantes sociales de salud.

4. a) Ayudar a los pacientes a recuperar habilidades para su vida diaria.

5. a) Coaching y seguimiento personalizado.

6. c) No tener personalidad propia, sino la puramente grupal.

7. c) Ejecución del objetivo, exclusivamente a través del líder o superior.

8. a) Un grupo de personas es siempre un equipo de trabajo.

9. c) Sinergia.

10. c) En la etapa de acoplamiento.

11. c) El empatizador.

12. a) Líder.

13. a) Actividad, vigor físico y capacidad de trabajo.

14. c) Equipo.

15. b) Se fomenta la competencia entre los profesionales.

TEST N.º 21

Ley 41/2002, de 14 de noviembre, básica reguladora de la autonomía del paciente y de derechos y obligaciones en materia de información y documentación clínica (II): Definición y archivo de la historia clínica. Contenido de la historia clínica de cada paciente. Usos de la historia clínica. La conservación de la documentación clínica. Ley Orgánica 3/2018, de 5 de diciembre, de Protección de Datos Personales y garantía de los derechos digitales: Título I. Disposiciones Generales, Título II. Principios de la protección de datos, Título III. Derechos de las Personas

1. ¿Cuál de las siguientes definiciones corresponde al término historia clínica?

a) El soporte de cualquier tipo o clase que contiene un conjunto de datos e informaciones de carácter asistencial.

b) El conjunto de los documentos relativos a los procesos asistenciales de cada paciente, con la identificación de los médicos y de los demás profesionales que han intervenido en ellos, con objeto de obtener la máxima integración posible de la documentación clínica de cada paciente, al menos, en el ámbito de cada centro.

c) El documento emitido por el médico responsable en un centro sanitario al finalizar cada proceso asistencial de un paciente, que especifica los datos de este, un resumen de su historial clínico, la actividad asistencial prestada, el diagnóstico y las recomendaciones terapéuticas.

2. ¿Cuál es el fin principal de la historia clínica?

a) Facilitar la asistencia sanitaria, dejando constancia de todos aquellos datos que, bajo criterio médico, permitan el conocimiento veraz y actualizado del estado de salud.

b) Estadístico.

c) Contabilizar los recursos médicos, asistenciales, pruebas, intervenciones y medicación que precisan los pacientes con el fin de adaptar los presupuestos de la Administración competente en materia de sanidad.

3. ¿Cuál de los siguientes campos no forma parte del contenido mínimo de la historia clínica?

a) La documentación relativa a la hoja clínico-estadística.
b) La anamnesis y la exploración física.
c) El coste de la medicación prescrita.

4. Cuando ello sea necesario para la prevención de un riesgo o peligro grave para la salud de la población, las Administraciones sanitarias a las que se refiere la Ley 33/2011, de 4 de octubre, General de Salud Pública, podrán acceder a los datos identificativos de los pacientes por razones epidemiológicas o de protección de la salud pública. ¿Quién deberá llevar a cabo ese acceso?

a) La autoridad judicial, únicamente.
b) La autoridad policial, únicamente.
c) Un profesional sanitario sujeto al secreto profesional o por otra persona sujeta, asimismo, a una obligación equivalente de secreto, previa motivación por parte de la Administración que solicitase el acceso a los datos.

5. ¿Puede el personal de administración y gestión de los centros sanitarios acceder a los datos de la historia clínica?

a) No, en ningún caso.
b) Sí, pero solo puede acceder a los datos de la historia clínica relacionados con sus propias funciones.
c) No, salvo casos de riesgo o peligro grave para la salud de la población en que sí podrá acceder.

6. ¿A qué deber queda sujeto el personal que accede a los datos de la historia clínica en el ejercicio de sus funciones?

a) Al deber de secreto.
b) Al deber de socorro.
c) Al deber de probidad.

7. ¿A quién corresponde la custodia de las historias clínicas en los centros con pacientes hospitalizados o que atiendan a un número suficiente de pacientes bajo cualquier otra modalidad asistencial?

a) Al Instituto de Medicina Legal.
b) Al personal administrativo del centro.
c) A la dirección del centro sanitario.

8. ¿Se aplica la Ley Orgánica 3/2018, de 5 de diciembre, de Protección de Datos Personales y garantía de los derechos digitales a las personas jurídicas?

a) Sí, sus datos personales también son objeto de protección de la ley.
b) No, únicamente a las personas físicas.
c) Sí, a las personas jurídicas y a las administraciones y organismos públicos.

9. ¿Quién puede dirigirse al responsable o encargado del tratamiento de los datos personales de una persona fallecida para solicitar el acceso y, en su caso, rectificación o supresión?

a) Las personas vinculadas al fallecido por razones familiares o de hecho, así como sus herederos, salvo que la persona fallecida lo hubiese prohibido expresamente o así lo establezca una ley.
b) Nadie.
c) Únicamente, el notario que esté tramitando la herencia de la persona fallecida.

10. ¿Es imputable al responsable del tratamiento la inexactitud de los datos personales obtenidos de un registro público por el propio responsable?

a) Sí, el responsable del tratamiento responde la exactitud de los datos en cualquier caso.
b) No, no será imputable al responsable del tratamiento, siempre que este haya adoptado todas las medidas razonables para que se supriman o rectifiquen sin dilación.
c) Sí, salvo que el registro público sea el Registro de la Propiedad en cuyo caso no existirá responsabilidad.

11. Según lo dispuesto en el Reglamento (UE) 2016/679, ¿cómo se denomina la manifestación de voluntad libre, específica, informada e inequívoca por la que este acepta, ya sea mediante una declaración o una clara acción afirmativa, el tratamiento de datos personales que le conciernen?

a) Consentimiento de afectado.
b) Autorización del afectado.
c) Vicio en el consentimiento.

12. ¿Puede fundarse el tratamiento de los datos personales de un menor de edad en su consentimiento?

a) Únicamente cuando sea mayor de catorce años.
b) No, en ningún caso.
c) Únicamente cuando sea mayor de dieciséis años.

13. ¿Cuándo podrá llevarse a cabo el tratamiento de datos personales relativos a condenas e infracciones penales, así como a procedimientos y medidas cautelares y de seguridad conexas, para fines distintos de los de prevención, investigación, detección o enjuiciamiento de infracciones penales?

a) En ningún caso.

b) Cuando se encuentre amparado en una norma de Derecho de la Unión, en esta ley orgánica o en otras normas de rango legal.

c) Cuando se encuentre amparado por ordenanza municipal.

14. Al ejercer el derecho de rectificación, ¿qué deberá indicar el afectado en su solicitud?

a) Nada.

b) Una declaración responsable.

c) Deberá indicar en su solicitud a qué datos se refiere y la corrección que haya de realizarse, acompañando, cuando sea preciso, la documentación justificativa de la inexactitud.

15. ¿Cómo se denomina el derecho del interesado a recibir los datos personales que le incumban, que haya facilitado a un responsable del tratamiento, en un formato estructurado, de uso común y lectura mecánica, y a transmitirlos a otro responsable del tratamiento sin que lo impida el responsable al que se los hubiera facilitado?

a) Derecho de supresión.

b) Derecho a la portabilidad.

c) Derecho de rectificación.

En MADTEST tienes **más preguntas de este tema**, y todos tus avances quedan registrados y se reflejan en el ranking.

¡Supera tus límites con MADTEST!

Solución al test n.º 21

1. b) El conjunto de los documentos relativos a los procesos asistenciales de cada paciente, con la identificación de los médicos y de los demás profesionales que han intervenido en ellos, con objeto de obtener la máxima integración posible de la documentación clínica de cada paciente, al menos, en el ámbito de cada centro.

2. a) Facilitar la asistencia sanitaria, dejando constancia de todos aquellos datos que, bajo criterio médico, permitan el conocimiento veraz y actualizado del estado de salud.

3. c) El coste de la medicación prescrita.

4. c) Un profesional sanitario sujeto al secreto profesional o por otra persona sujeta, asimismo, a una obligación equivalente de secreto, previa motivación por parte de la Administración que solicitase el acceso a los datos.

5. b) Sí, pero solo puede acceder a los datos de la historia clínica relacionados con sus propias funciones.

6. a) Al deber de secreto.

7. c) A la dirección del centro sanitario.

8. b) No, únicamente a las personas físicas.

9. a) Las personas vinculadas al fallecido por razones familiares o de hecho, así como sus herederos, salvo que la persona fallecida lo hubiese prohibido expresamente o así lo establezca una ley.

10. b) No, no será imputable al responsable del tratamiento, siempre que este haya adoptado todas las medidas razonables para que se supriman o rectifiquen sin dilación.

11. a) Consentimiento de afectado.

12. a) Únicamente cuando sea mayor de catorce años.

13. b) Cuando se encuentre amparado en una norma de Derecho de la Unión, en esta ley orgánica o en otras normas de rango legal.

14. c) Deberá indicar en su solicitud a qué datos se refiere y la corrección que haya de realizarse, acompañando, cuando sea preciso, la documentación justificativa de la inexactitud.

15. b) Derecho a la portabilidad.

TEST N.º 22

**Carta de Servicios como compromiso con la ciudadanía:
Carta de servicios del Instituto de Adicciones: Servicios prestados.
Derechos y responsabilidades. Participación ciudadana**

1. ¿Cuál es el principal objetivo del Servicio de Prevención de Adicciones (PAD)?

a) Realizar diagnósticos médicos de adicciones.
b) Ofrecer información, formación y orientación personalizada y confidencial.
c) Facilitar la reintegración laboral inmediata.

2. ¿Qué servicio está dirigido específicamente a familias con adolescentes y jóvenes en riesgo de adicción?

a) Servicio de prevención escolar.
b) Servicio de Orientación Familiar (SOF).
c) Programa de rehabilitación ambulatoria.

3. ¿Cuál es el principal objetivo de los programas de reducción del daño en adicciones?

a) Obligar a los consumidores a recibir tratamiento.
b) Minimizar los efectos negativos del consumo en personas que no acceden a tratamiento.
c) Facilitar el acceso irrestricto a sustancias controladas.

4. ¿Qué recurso se utiliza para la detección y captación de personas con adicciones en exclusión social?

a) Unidad Móvil Madroño.
b) Centro de Orientación Laboral.
c) Servicio de atención ambulatoria.

5. ¿Qué programa se dirige a personas de origen extranjero con adicciones?

a) Programa de prevención en colegios.
b) Programa Istmo.
c) Programa de desintoxicación hospitalaria.

6. ¿Cuál es uno de los objetivos del Servicio de Orientación Laboral (SOL)?

a) Apoyar la inserción laboral de personas en tratamiento por adicciones.
b) Proporcionar vivienda temporal a personas con adicciones.
c) Aplicar sanciones a quienes no cumplen con el tratamiento.

7. ¿Qué tipo de recurso se ofrece para personas con necesidades especiales en el tratamiento de adicciones?

a) Centros de atención ambulatoria.
b) Recursos residenciales como comunidades terapéuticas y pisos de apoyo.
c) Programas de atención exclusiva a menores de edad.

8. ¿Qué principio garantiza que un usuario de los CAD pueda dejar el tratamiento en cualquier momento?

a) Confidencialidad.
b) Voluntariedad.
c) Control institucional.

9. ¿Cuál es una de las vías para presentar sugerencias o reclamaciones sobre los servicios de adicciones?

a) Solo de manera presencial en los CAD.
b) A través de la página web del Ayuntamiento de Madrid.
c) Exclusivamente por correo postal.

10. ¿Qué recurso facilita información y orientación sobre adicciones a la ciudadanía?

a) Servicio de Prevención de Adicciones (PAD).
b) Programa de internamiento obligatorio.
c) Unidad de Emergencias Psiquiátricas.

11. ¿Cuál es el objetivo de los presupuestos participativos en Madrid?

a) Reducir el gasto municipal en servicios sociales.
b) Permitir que la ciudadanía decida en qué se invierte parte del presupuesto municipal.
c) Obligar a los ciudadanos a contribuir económicamente a las iniciativas.

12. ¿Qué servicio está dirigido a reducir el estigma asociado a las adicciones?

a) Sensibilización y educación comunitaria.
b) Exclusivamente el tratamiento en centros especializados.
c) Restricción del acceso a programas de prevención.

13. ¿Qué canal permite presentar propuestas, debates y consultas sobre la gestión municipal en Madrid?

a) La plataforma Decide Madrid.
b) Las consultas exclusivas del Ayuntamiento.
c) Un sistema cerrado de participación interna.

14. ¿Qué mecanismo se usa para conocer la satisfacción de los usuarios en los CAD?

a) Quejas directas a los profesionales sanitarios.
b) Encuestas de satisfacción.
c) Exclusivamente reuniones de evaluación interna..

15. ¿Qué derecho tiene un usuario respecto a la información sobre su tratamiento?

a) No puede acceder a su historial clínico.
b) Recibir información comprensible sobre su proceso terapéutico.
c) Solo conocer detalles básicos de su tratamiento.

En MADTEST tienes **más preguntas de este tema**, y todos tus avances quedan registrados y se reflejan en el ranking.

¡Supera tus límites con MADTEST!

Solución al test n.º 22

1. b) Ofrecer información, formación y orientación personalizada y confidencial.

2. b) Servicio de Orientación Familiar (SOF).

3. b) Minimizar los efectos negativos del consumo en personas que no acceden a tratamiento.

4. a) Unidad Móvil Madroño.

5. b) Programa Istmo.

6. a) Apoyar la inserción laboral de personas en tratamiento por adicciones.

7. b) Recursos residenciales como comunidades terapéuticas y pisos de apoyo.

8. b) Voluntariedad.

9. b) A través de la página web del Ayuntamiento de Madrid.

10. a) Servicio de Prevención de Adicciones (PAD).

11. b) Permitir que la ciudadanía decida en qué se invierte parte del presupuesto municipal.

12. a) Sensibilización y educación comunitaria.

13. a) La plataforma Decide Madrid.

14. b) Encuestas de satisfacción.

15. b) Recibir información comprensible sobre su proceso terapéutico.

Carta de servicios del Centro de Salud Internacional y del Centro de Prevención del deterioro Cognitivo: Servicios prestados. Derechos y responsabilidades. Participación ciudadana

1. ¿Qué se atiende en el Centro de Salud Internacional de Madrid? Se atiende a...

a) Extranjeros residentes.
b) Extranjeros no residentes.
c) Personas que solicitan asesoramiento sanitario previo a viajes internacionales.

2. ¿Cuál de estos factores es del entorno como determinante en salud, como enfoque de estrategia en salud del Centro de Salud Internacional de Madrid?

a) Seguridad alimentaria y medioambiente.
b) Entornos urbanos y protección de animales domésticos.
c) Todos los anteriores son del entorno.

3. ¿Con qué objetivo de la Agenda 2030 de desarrollo sostenible, está relacionada la carta de servicios que ofrece el Centro de Salud Internacional de Madrid?

a) Hambre cero.
b) Salud y bienestar.
c) Fin de la pobreza.

4. ¿Cómo no se presta el Servicio de Consejo sanitario en viajes y vacunación internacional por el Centro de Salud Internacional de Madrid? Se presta...

a) De forma presencial con cita previa.
b) Consulta telefónica y/o telemática.
c) Son ciertas a) y b).

5. ¿Dónde se llamará telefónicamente para la presentación de las sugerencias, reclamaciones y felicitaciones en el Centro de Salud Internacional de Madrid si llamas desde Madrid? Se llamará telefónicamente al…

a) 112.

b) 010.

c) 914 800 010.

6. ¿Cuándo no será posible realizar la certificación COVID en el Centro de Salud Internacional de Madrid? No será posible la emisión de certificado…

a) A residentes de Madrid ciudad.

b) A personas en tránsito por territorio español.

c) A personas que permanezcan más de 30 días de estancia demostrable en territorio español.

7. Las citas para obtener el certificado COVID Digital Europeo en la Comunidad de Madrid están indicadas para personas que…

a) Viajan al extranjero y que lo exija el país de entrada.

b) Viajan al extranjero y que lo exija el país de salida y de entrada.

c) Viajan o no al extranjero y que lo exija el país de salida.

8. ¿Qué derecho de la ciudadanía de los que se nombran en relación con los servicios ofrecidos por el Centro de Salud Internacional de Madrid es incorrecto?

a) No tiene por qué conocer la identidad del personal bajo cuya responsabilidad se presta el servicio.

b) No tiene por qué recibir información sobre un servicio que no se presta.

c) Ser tratada con respeto y deferencia.

9. ¿Cómo debe ser atendido el ciudadano por derecho que posee en el Centro de Salud Internacional de Madrid? Ser objeto de una atención…

a) Directa y personalizada, salvo que lo impidan las circunstancias.

b) Indirecta y personalizada.

c) Indirecta y no personalizada.

10. ¿Qué tipo de vía de participación ciudadana se establece cuando la ciudadanía puede compartir su opinión sobre temas que les preocupan relacionados con la ciudad de Madrid?

a) Propuestas ciudadanas.

b) Debates ciudadanos.

c) Audiencias públicas.

11. ¿Qué cuestión que ofrece el Centro de Prevención del Deterioro Cognitivo no son gratuitas?

a) Las actividades que se llevan a cabo en el mismo.

b) El empleo de materiales en general que ofrece el centro para llevar a cabo dichas actividades.

c) El Curso de Evaluación y Entrenamiento de Memoria Método UMAM para profesionales externos a Madrid Salud.

12. ¿Qué actividades consideras que se realizan en el Centro de Prevención del Deterioro Cognitivo (CPDC)?

a) Consultas exclusivamente.

b) Estimulaciones grupales.

c) Consultas, charlas, estimulaciones grupales y otras.

13. ¿Generalmente mediante que herramienta se lleva a cabo la evaluación de la memoria y de otras áreas cognitivas en el centro de Prevención del Deterioro Cognitivo?

a) Historia clínica.

b) Cumplimentación de entrevista.

c) Cumplimentación de test específicos.

14. ¿Generalmente cuándo se deriva un paciente del centro de Prevención del Deterioro Cognitivo al SERMAS? Se deriva…

a) Para realizar las actividades preventivas incluidas en los distintos programas.

b) Para tratamiento y seguimiento de patologías y factores de riesgo.

c) No se pueden derivar al SERMAS.

15. ¿Cuál es el horario de atención al público del Centro de Prevención del Deterioro Cognitivo para información presencial? Es de…

a) Lunes, miércoles y viernes de 9:00 a 13:00 horas y martes y jueves de 10:00 a 13:00 horas.

b) Lunes a domingo los 365 días del año las 24 horas.

c) Lunes a viernes de 9:00 a 14:00 horas.

En MADTEST tienes **más preguntas de este tema**, y todos tus avances quedan registrados y se reflejan en el ranking.

¡Supera tus límites con MADTEST!

Solución al test n.º 23

1. c) Personas que solicitan asesoramiento sanitario previo a viajes internacionales.

2. c) Todos los anteriores son del entorno.

3. b) Salud y bienestar.

4. c) Son ciertas a) y b).

5. b) 010.

6. b) A personas en tránsito por territorio español.

7. a) Viajan al extranjero y que lo exija el país de entrada.

8. a) No tiene por qué conocer la identidad del personal bajo cuya responsabilidad se presta el servicio.

9. a) Directa y personalizada, salvo que lo impidan las circunstancias.

10. b) Debates ciudadanos.

11. c) El Curso de Evaluación y Entrenamiento de Memoria Método UMAM para profesionales externos a Madrid Salud.

12. c) Consultas, charlas, estimulaciones grupales y otras.

13. c) Cumplimentación de test específicos.

14. b) Para tratamiento y seguimiento de patologías y factores de riesgo.

15. c) Lunes a viernes de 9:00 a 14:00 horas.

Drogas: definición según la OMS, clasificación según sus efectos, tolerancia, síndrome de abstinencia e intoxicación. Adicción: definición según la OMS

1. La atención al drogodependiente debe ser contemplada desde un punto de vista global, teniendo en cuenta los aspectos:

a) Biológicos y Psicológicos.
b) Físicos, Psíquicos, Mentales y su interrelación.
c) Biológicos, Sociales, Psicológicos y su interrelación.

2. Las actividades de prevención y tratamiento del tabaquismo deben estar inicial y esencialmente:

a) En las consultas privadas.
b) En las consultas externas del hospital.
c) En la atención primaria de salud.

3. ¿Qué nombre recibe el fenómeno en drogodependientes que se caracteriza por la necesidad de consumir cada vez cantidades crecientes de droga para conseguir los mismos efectos?

a) Tolerancia.
b) Dependencia.
c) Abstinencia.

4. ¿Cuál de estas sustancias no es un opiáceo?

a) La morfina.
b) La heroína.
c) El LSD.

5. El benceno está en el grupo de:

a) Psicoestimulantes menores.
b) Solventes.
c) Alucinógenos.

6. ¿Qué es falso del tabaquismo?

a) Es una dependencia por consumo de tabaco.
b) El tabaquismo se adquiere en nuestro medio fumando en pipa, cigarros o cigarrillos.
c) La planta del tabaco era conocida desde la antigüedad en diversos continentes, sin embargo, su utilización y consumo proceden de África.

7. ¿Cuál de estas patologías es considerada por las Administraciones sanitarias como la principal causa evitable de morbimortalidad, por las patologías orgánicas que puede causar?

a) La obesidad.
b) El consumo de tabaco.
c) El sedentarismo.

8. ¿Qué sustancias procedentes del tabaco son de las denominadas irritantes?

a) Alquitranes y compuestos del benceno.
b) Nicotina.
c) Fenoles, peróxido de nitrógeno y ácido cianhídrico, entre otras.

9. ¿Qué receptores colinérgicos de la acción de la nicotina son aquellos localizados en los órganos efectores que reciben terminaciones nerviosas posganglionares colinérgicas, así como en algunas neuronas del SNC?

a) Nicotínicos propiamente.
b) Muscarínicos.
c) Adrenérgicos.

10. ¿Cómo es el despertar de un fumador empedernido?

a) Alegre y lúcido.
b) Con dolor articular y rigidez matutina.
c) Poco placentero, con embotamiento matinal, sensación de descanso insuficiente y dolores erráticos.

11. ¿Qué clínica caracteriza una vez que se inicia el síndrome de abstinencia a nicotina?

a) Alteraciones del sueño: insomnio y sueño no reparador.
b) Intranquilidad, excitación, nerviosismo y deseo de fumar.
c) Se produce todo lo anterior.

12. Según el modelo transteórico de las etapas del cambio de Prochaska y Diclemente, cuando una persona es consciente de que el hábito tabáquico es nocivo para su salud y piensa en dejarlo, pero aún no se ha comprometido, diremos que se encuentra en fase:

a) Precontemplativa.
b) Contemplativa.
c) Preparatoria.

13. ¿Cómo se denomina la situación, como principio básico, que se da en un bebedor ocasional, pero consume grandes cantidades de alcohol sin llegar a la intoxicación cada vez que bebe, análogo al término consumo perjudicial?

a) Hábito.
b) Dependencia.
c) Abuso.

14. ¿Cuántos gramos de etanol consumirá un bebedor si se ha tomado tres cervezas de 25 cc con una graduación alcohólica de 3 grados?

a) 18 g.
b) 1,8 g.
c) 3 g.

15. Dado que el alcohol inhibe la actividad del cerebelo, las personas que beben mucho alcohol pueden presentar:

a) Ataxia.
b) Afasia.
c) Anosognosia.

En MADTEST tienes **más preguntas de este tema**, y todos tus avances quedan registrados y se reflejan en el ranking.

¡Supera tus límites con MADTEST!

Solución al test n.º 24

1. c) Biológicos, Sociales, Psicológicos y su interrelación.

2. c) En la atención primaria de salud.

3. a) Tolerancia.

4. c) El LSD.

5. b) Solventes.

6. c) La planta del tabaco era conocida desde la antigüedad en diversos continentes, sin embargo, su utilización y consumo proceden de África.

7. b) El consumo de tabaco.

8. c) Fenoles, peróxido de nitrógeno y ácido cianhídrico, entre otras.

9. b) Muscarínicos.

10. c) Poco placentero, con embotamiento matinal, sensación de descanso insuficiente y dolores erráticos.

11. c) Se produce todo lo anterior.

12. b) Contemplativa.

13. c) Abuso.

14. b) 1,8 g.

15. a) Ataxia.

TEST N.º 25

Programas y actividades de promoción de la salud y prevención de la enfermedad (I): Programa de alimentación, actividad física y salud, Programa de salud sexual y reproductiva, Programa promoción y prevención de la salud en el ámbito educativo

1. ¿Cuál es el objetivo general del Programa alimentación, actividad física y salud?

a) Disminuir la prevalencia de enfermedades no transmisibles relacionadas con los estilos de vida y mejorar la calidad de vida mediante hábitos saludables.

b) Disminuir la incidencia de enfermedades transmisibles relacionadas con los estilos de vida y mejorar la calidad de vida mediante hábitos saludables.

c) Establecer alianzas con organizaciones deportivas y poder paliar hábitos insanos relacionados con la alimentación y el sedentarismo.

2. ¿Qué herramienta se utiliza para identificar a personas con alto riesgo de padecer diabetes tipo 2 en el Programa de alimentación, actividad física y salud?

a) Cuestionario de Actividad Física (IPAQ).

b) Test de Findrisc.

c) Índice de Masa Corporal (IMC).

3. ¿Qué metodología se utiliza en los Talleres de Cambio Terapéutico de Estilo de Vida (TCEV)?

a) Metodología de enseñanza grupal y evaluación final.

b) Metodología participativa con trabajo en grupo y aprendizaje significativo.

c) Metodología para intervención en actividad física.

4. ¿Qué beneficio aporta la participación de Madrid Salud en el proyecto internacional Cities Changing Diabetes (CCD)?

a) Financiación adicional para el programa ALAS.

b) Formación en técnicas avanzadas de investigación en personas obesas.

c) Integración en una red global que respalda la prevención de la diabetes y la investigación sobre determinantes culturales y sociales.

5. ¿Qué actividad reciente se ha incorporado al Programa alimentación, actividad física y salud mediante un convenio con la Federación de Montañismo?

a) Talleres de cocina saludable.
b) Marcha nórdica.
c) Clases de yoga al aire libre.

6. ¿Qué tipo de estrategia se dirige a toda la población, especialmente a colectivos vulnerables, a través de intervenciones comunitarias y grupales en el Programa de alimentación, actividad física y salud?

a) Estrategia de alto riesgo.
b) Estrategia poblacional.
c) Estrategia de comunicación.

7. ¿Cuál es el enfoque metodológico que utiliza el Programa de salud sexual y reproductiva para respaldar sus recomendaciones e intervenciones?

a) Opinión pública.
b) Evidencia científica.
c) Tradición cultural.

8. ¿Qué impacto tiene la soledad no deseada en la salud según el Programa de salud sexual y reproductiva?

a) Mejora la salud mental y el bienestar psicológico.
b) Se asocia con peores hábitos de vida y mayor riesgo de mala salud mental.
c) No tiene impacto significativo en la salud.

9. ¿Qué es la Convención sobre la Eliminación de todas las formas de Discriminación contra la Mujer (CEDAW)?

a) Un tratado internacional que reconoce los derechos humanos de las mujeres.
b) Una ley internacional sobre igualdad de género.
c) Un programa de la Unión Europea para la salud sexual.

10. Según la CEDAW, ¿cuál es uno de los objetivos prioritarios de la comunidad internacional?

a) Incrementar la participación masculina y femenina en la política.
b) Erradicar todas las formas de discriminación basadas en el sexo.
c) Aumentar el gasto en salud reproductiva.

11. ¿Cuál es el objetivo de la Ley Orgánica 3/2007 en España?

a) Regular la autonomía del paciente.
b) Promover la igualdad efectiva de mujeres y hombres.
c) Establecer la cartera de servicios comunes del SNS.

12. ¿Cuál de las siguientes acciones está relacionada con el objetivo específico "contribuir a la disminución del retraso diagnóstico en VIH e ITS"?

a) Realización de talleres de asesoramiento personalizados.
b) Realización de pruebas rápidas de VIH.
c) Derivación a las instituciones sociales pertinentes a las personas VIH detectado.

13. ¿Qué acción se realiza para contribuir al asesoramiento en diversidad sexual y prevención de situaciones de violencia sexual, de género y LGTBIfobia?

a) Realización de consultas de asesoramiento personalizado en vivencias de diversas sexualidades.
b) Incrementar las consultas y talleres sobre la prevención de estas situaciones.
c) Aumentar la atención de estos colectivos.

14. ¿Qué beneficio aporta la atención interdisciplinar a la demanda de IVE dentro del programa SSyR?

a) Disminuir el tiempo de espera para el procedimiento.
b) Facilita la implementación de tratamientos poco efectivos.
c) Contribuye a una atención integral y oportuna, mejorando los resultados para las personas que solicitan IVE.

15. ¿Cuál es uno de los objetivos estratégicos del programa de promoción de la salud en el ámbito educativo?

a) Desarrollar una estrategia de intervención específica al riesgo biopsicosocial.
b) Desarrollar una estrategia de sensibilización y promoción de la salud en el ámbito educativo.
c) Incrementar el número de profesores en los centros educativos.

En MADTEST tienes **más preguntas de este tema**, y todos tus avances quedan registrados y se reflejan en el ranking.

¡Supera tus límites con MADTEST!

Solución al test n.º 25

1. a) Disminuir la prevalencia de enfermedades no transmisibles relacionadas con los estilos de vida y mejorar la calidad de vida mediante hábitos saludables.

2. b) Test de Findrisc.

3. b) Metodología participativa con trabajo en grupo y aprendizaje significativo.

4. c) Integración en una red global que respalda la prevención de la diabetes y la investigación sobre determinantes culturales y sociales.

5. b) Marcha nórdica.

6. b) Estrategia poblacional.

7. b) Evidencia científica.

8. b) Se asocia con peores hábitos de vida y mayor riesgo de mala salud mental.

9. a) Un tratado internacional que reconoce los derechos humanos de las mujeres.

10. b) Erradicar todas las formas de discriminación basadas en el sexo.

11. b) Promover la igualdad efectiva de mujeres y hombres.

12. b) Realización de pruebas rápidas de VIH.

13. a) Realización de consultas de asesoramiento personalizado en vivencias de diversas sexualidades.

14. c) Contribuye a una atención integral y oportuna, mejorando los resultados para las personas que solicitan IVE.

15. b) Desarrollar una estrategia de sensibilización y promoción de la salud en el ámbito educativo.

TEST N.º 26

Programas y actividades de promoción de la salud y prevención de la enfermedad (II): Programa de envejecimiento activo y saludable y Programa de salud materno-Infantil. Programa de prevención y control del consumo de tabaco

1. ¿Cuál es uno de los principales desafíos del envejecimiento de la población de Madrid?

a) La disminución de la esperanza de vida y la creación de entornos que fomenten la autonomía personal.

b) La optimización de recursos y la creación de entornos que fomenten la autonomía personal.

c) La creación de entornos que fomenten la autonomía, participación y bienestar de las personas mayores.

2. Señale cuál NO es un objetivo específico del Programa envejecimiento activo y saludable:

a) Contribuir a ampliar la esperanza de vida activa y saludable mejorando la calidad de vida y disminuyendo la soledad no deseada en las personas mayores de la ciudad de Madrid.

b) Realizar talleres grupales específicos de alto riesgo en función del protocolo de actuación.

c) Incrementar, mantener y renovar las alianzas del programa.

3. Señale cuál es un objetivo estratégico del Programa de envejecimiento activo y saludable:

a) Fomentar hábitos de vida saludables y sensibilizar sobre las características y circunstancias de las personas mayores, tanto a la población general como a la población mayor.

b) Disminuir, limitar o revertir, en la medida de lo posible, la soledad de las personas mayores.

c) Establecer y mantener a estos grupos activos.

4. ¿Qué tipo de acciones se realizan para atender e intervenir de manera personalizada a las personas usuarias de la estrategia de alto riesgo?

a) Realización del cribaje a las personas atendidas de manera personalizada en consulta.
b) Seguimiento de la derivación al protocolo de agudeza auditiva.
c) Seguimiento de la derivación de atención primaria.

5. El Protocolo de Caídas y Prevención de Fracturas se realiza en aquellas personas de nuestra población diana que presenten:

a) Deterioro cognitivo.
b) Ansiedad.
c) Problemas articulares.

6. En relación con el deterioro cognitivo, ¿qué medida se aplica en la fase prodrómica (DCL)?

a) Prevención primaria en consulta estándar y cribado.
b) Prevención terciaria para casos avanzados.
c) Prevención secundaria con estimulación cognitiva grupal.

7. ¿Qué acción específica se realiza en los centros deportivos municipales como parte de la intervención en prevención de caídas?

a) Talleres de autocuidado con educación para la salud y prevención de caídas.
b) Talleres multicomponentes con educación para la salud y ejercicio físico.
c) Entrenamiento físico para prevenir caídas.

8. ¿Qué medidas se implementan en la fase preclínica de la enfermedad de Alzheimer según el Programa de salud mental?

a) Diagnóstico y tratamiento farmacológico.
b) Prevención primaria, técnicas de *screening* y entrenamiento de memoria grupal.
c) Derivación inmediata a servicios de atención a largo plazo.

9. ¿Cuál es el principal objetivo de la prevención secundaria en la fase prodrómica de Deterioro Cognitivo Leve (DCL)?

a) Diagnóstico, valoración y control de factores de riesgo para retrasar el avance del deterioro cognitivo.
b) Derivar a las personas al cuidado institucional con intervención previa.
c) Técnicas de *screening* y cuidados de la enfermedad.

10. ¿Qué medidas se implementan en la fase clínica de demencia dentro del Programa de envejecimiento activo y saludable?

a) Prevención primaria y entrenamiento de memoria.

b) Prevención terciaria, derivación al SERMAS y atención continuada en la red sanitaria asistencial.

c) Prevención secundaria con diagnóstico y cuidados domiciliarios.

11. Se entiende por maltrato a personas mayores:

a) Cualquier acto u omisión que produzca daño, intencionado o no, practicado sobre personas de 65 o más años, que ocurra en el medio familiar, comunitario o institucional, que vulnere o ponga en peligro la integridad física, psíquica, así como el principio de autonomía del resto de los derechos fundamentales del individuo, constatable objetivamente o percibido subjetivamente.

b) Cualquier acto que produzca daño, intencionado o no, practicado sobre personas de 60 o más años, que ocurra en el medio familiar, comunitario o institucional, que vulnere o ponga en peligro la integridad física, psíquica, así como el principio de autonomía del resto de los derechos fundamentales del individuo, constatable objetivamente o percibido objetivamente.

c) Cualquier acto u omisión que produzca daño, intencionado o no, practicado sobre personas de 60 o más años, que ocurra en el medio familiar, comunitario o institucional, que vulnere o ponga en peligro la integridad física, psíquica, así como el principio de autonomía del resto de los derechos fundamentales del individuo, constatable objetivamente o percibido subjetivamente.

12. Según los criterios del Programa de envejecimiento activo y saludable, ¿cuál de los siguientes NO es un criterio mayor para definir vulnerabilidad en personas mayores?

a) Caída en el último año.

b) Tomar más de cuatro fármacos de forma habitual.

c) Cambio de domicilio hace menos de tres años.

13. ¿Cuál es el objetivo principal del Programa de salud materno-infantil (PMI)?

a) Incrementar la natalidad en Madrid.

b) Apoyar a menores en entornos escolares.

c) Mejorar la salud durante la maternidad y la paternidad, con especial atención a familias en situación de vulnerabilidad.

14. ¿Cuál es el objetivo principal del Programa de prevención y control del consumo de tabaco?

a) Aumentar la tasa de abandono del consumo de tabaco entre adolescentes únicamente.

b) Disminuir la prevalencia del consumo de tabaco y dispositivos de nicotina en la población de Madrid.

c) Concienciar exclusivamente a las personas en situación de soledad sobre los riesgos del tabaquismo.

15. ¿Cuál es uno de los objetivos instrumentales del programa de prevención y control del consumo de tabaco?

a) Reducir el consumo de tabaco exclusivamente entre adultos mayores.

b) Formar a profesionales en deshabituación tabáquica con un enfoque integral.

c) Promover campañas en redes sociales.

En MADTEST tienes **más preguntas de este tema**, y todos tus avances quedan registrados y se reflejan en el ranking.

¡Supera tus límites con MADTEST!

Solución al test n.º 26

1. c) La creación de entornos que fomenten la autonomía, participación y bienestar de las personas mayores.

2. a) Contribuir a ampliar la esperanza de vida activa y saludable mejorando la calidad de vida y disminuyendo la soledad no deseada en las personas mayores de la ciudad de Madrid.

3. a) Fomentar hábitos de vida saludables y sensibilizar sobre las características y circunstancias de las personas mayores, tanto a la población general como a la población mayor.

4. a) Realización del cribaje a las personas atendidas de manera personalizada en consulta.

5. a) Deterioro cognitivo.

6. c) Prevención secundaria con estimulación cognitiva grupal.

7. b) Talleres multicomponentes con educación para la salud y ejercicio físico.

8. b) Prevención primaria, técnicas de screening y entrenamiento de memoria grupal.

9. a) Diagnóstico, valoración y control de factores de riesgo para retrasar el avance del deterioro cognitivo.

10. b) Prevención terciaria, derivación al SERMAS y atención continuada en la red sanitaria asistencial.

11. a) Cualquier acto u omisión que produzca daño, intencionado o no, practicado sobre personas de 65 o más años, que ocurra en el medio familiar, comunitario o institucional, que vulnere o ponga en peligro la integridad física, psíquica, así como el principio de autonomía del resto de los derechos fundamentales del individuo, constatable objetivamente o percibido subjetivamente.

12. c) Cambio de domicilio hace menos de tres años.

13. c) Mejorar la salud durante la maternidad y la paternidad, con especial atención a familias en situación de vulnerabilidad.

14. b) Disminuir la prevalencia del consumo de tabaco y dispositivos de nicotina en la población de Madrid.

15. b) Formar a profesionales en deshabituación tabáquica con un enfoque integral.

Programas y actividades de promoción de la salud y prevención de la enfermedad (III): Programa de desigualdades sociales en salud, Programa de promoción de la Salud Mental

1. ¿Cuál es el objetivo principal del Programa de Desigualdades Sociales en Salud en Madrid?

a) Reducir únicamente las desigualdades económicas en salud y garantizar acceso igualitario a servicios sanitarios en todos los distritos.

b) Incorporar la equidad en todas las políticas públicas y reducir las desigualdades sociales en salud.

c) Centrar las intervenciones solo en distritos con mayor índice de pobreza.

2. ¿Qué indicadores son evidentes en las desigualdades sociales?

a) Esperanza de vida, tasa de natalidad y percepción de la salud.

b) Riesgo de pobreza, morbilidad y percepción de la salud.

c) Mortalidad, tasa de natalidad y percepción de la salud.

3. el marco operativo del programa de desigualdades sociales se centra en:

a) Transversalidad y justicia.

b) Equidad y transversalidad.

c) sectorialidad y transversalidad.

4. ¿Cuál de las siguientes estrategias se utiliza en el marco operativo del programa para abordar las desigualdades sociales en salud?

a) Atención exclusiva a la población migrante.

b) Promoción de servicios universales ajustados a las necesidades de cada grupo (universalismo proporcional).

c) Exclusión de zonas con bajo índice de riesgo social.

5. ¿Qué desigualdades se abordan bajo el eje de género en el Programa de Desigualdades Sociales en Salud?

a) Exclusión de personas migrantes de los servicios de salud.
b) Diferencias en acceso a servicios sanitarios y la prevención de violencia de género.
c) Enfoque exclusivo en las mujeres sin incluir comunidades LGTB+.

6. ¿Cuál de los siguientes ejemplos pertenece a las intervenciones propuestas para la población con diversidad funcional (discapacidad)?

a) Desarrollo de talleres de alfabetización para esta población.
b) Adaptaciones de edificios y espacios públicos para mejorar la accesibilidad.
c) Actividades grupales en centros educativos y espacios educativos

7. El trastorno mental Severo (TMS), No incluye:

a) Esquizofrenia, trastorno obsesivo, depresión menor, trastornos de personalidad y estados del ánimo.
b) Esquizofrenia y trastornos psicóticos o de personalidad
c) Depresión mayor grave.

8. ¿Qué población diana se considera en el eje de migración del programa?

a) Personas en situación de pobreza extrema exclusivamente.
b) Migrantes sin importar su estatus legal o condición económica.
c) Solo personas migrantes con acceso regularizado al sistema sanitario.

9. ¿Cual de los siguientes NO es un objetivo especifico del programa de desigualdades?

a) Incorporar el enfoque de universalismo proporcional en todos los Programas Marco de la "Estrategia Madrid una ciudad saludable 2020-2023" con atención universal a toda la población.
b) Favorecer que en el diseño, la implementación y la evaluación de las actividades comunitarias, grupales e individuales contempladas en los Programas Marco de la "Estrategia Madrid una ciudad saludable 2020-2023" se incorpore la perspectiva de equidad y se tengan en cuenta los diferentes ejes de desigualdad y su interacción.
c) Contribuir a la equidad en salud en la ciudad de Madrid mediante la incorporación de este enfoque en todas las intervenciones contempladas en los Programas Marco de la "Estrategia Madrid una ciudad saludable 2020-2023".

10. ¿Qué intervención específica se menciona para abordar las desigualdades asociadas a la diversidad funcional (discapacidad sensorial?

a) Talleres de habilidades parentales para familias de personas con discapacidad.
b) Producción de vídeos con subtítulos para personas con discapacidad auditiva.
c) Proyectos de inclusión laboral para migrantes con diversidad funcional.

11. ¿Cuál es el objetivo general del Programa de Desigualdades Sociales en Salud de la Estrategia «Madrid una ciudad saludable 2020-2023»?

a) Promover la implementación de nuevas políticas sanitarias en todos los distritos de Madrid.
b) Incorporar herramientas de registro obligatorio para las actividades grupales e individuales.
c) Contribuir a la equidad en salud mediante su incorporación en todas las intervenciones de la estrategia.

12. ¿Qué acción forma parte del objetivo operativo de formar y sensibilizar a los equipos profesionales en el uso del sistema de registro?

a) Sensibilizar a la población general en temas de desigualdad social.
b) Establecimiento de un punto del día prioritario en las reuniones de profesionales referentes del Programa de DSS para abordar el seguimiento del uso de la herramienta de equidad en los proyectos comunitarios y actividades puntuales de los Centros. Realización de propuestas de modificación del sistema de registro comunitario que integren la herramienta de equidad.
c) Realización de sesiones formativas con los equipos profesionales de los centros para que se recojan: los datos iniciales que determinan la prioridad de las intervenciones, las variables individuales recogidas en la ficha de filiación complementaria y el adecuado registro de las intervenciones grupales y comunitarias.

13. El modelo de la Comisión para Reducir las Desigualdades en Salud en España, 20108, contiene como elemento principal:

a) Los factores estructurales (contexto socioeconómico y político y de la estructura social).
b) Los factores intermedios de las desigualdades en salud.
c) Ambos factores son elementos principales de este modelo.

14. Es un objetivo operativo del objetivo especifico 2: Incorporar el enfoque de universalismo proporcional en todos los Programas Marco de la "Estrategia Madrid una ciudad saludable 2020-2024" con atención universal a toda la población, priorizando los grupos y los territorios con más necesidades de salud o mayor vulnerabilidad frente a determinados problemas de salud.

a) Conocer las alianzas establecidas a nivel central por la Subdirección de Prevención y Promoción de la Salud y las establecidas a nivel distrital y/o en los pequeños territorios.

b) Establecer nuevas alianzas con agentes de gobernanza urbana y de los barrios para que las desigualdades en salud pasen a la agenda política de gestión local.

c) Identificar grupos de población y territorios con mayores necesidades en salud según los ejes de desigualdades, en cada uno de los programas e intervenciones.

15. ¿Qué enfoque se promueve para garantizar que los servicios sanitarios sean universales pero ajustados a las necesidades de los grupos más vulnerables?

a) El principio de subsidiariedad.

b) El enfoque de universalismo proporcional.

c) La priorización de los distritos con mayores recursos.

En MADTEST tienes **más preguntas de este tema**, y todos tus avances quedan registrados y se reflejan en el ranking.

¡Supera tus límites con MADTEST!

Solución al test n.º 27

1. b) Incorporar la equidad en todas las políticas públicas y reducir las desigualdades sociales en salud.

2. b) Riesgo de pobreza, morbilidad y percepción de la salud.

3. b) Equidad y transversalidad.

4. b) Promoción de servicios universales ajustados a las necesidades de cada grupo (universalismo proporcional).

5. b) Diferencias en acceso a servicios sanitarios y la prevención de violencia de género.

6. b) Adaptaciones de edificios y espacios públicos para mejorar la accesibilidad.

7. a) Esquizofrenia, trastorno obsesivo, depresión menor, trastornos de personalidad y estados del ánimo.

8. b) Migrantes sin importar su estatus legal o condición económica.

9. c) Contribuir a la equidad en salud en la ciudad de Madrid mediante la incorporación de este enfoque en todas las intervenciones contempladas en los Programas Marco de la "Estrategia Madrid una ciudad saludable 2020-2023".

10. b) Producción de vídeos con subtítulos para personas con discapacidad auditiva.

11. c) Contribuir a la equidad en salud mediante su incorporación en todas las intervenciones de la estrategia.

12. c) Realización de sesiones formativas con los equipos profesionales de los centros para que se recojan: los datos iniciales que determinan la prioridad de las intervenciones, las variables individuales recogidas en la ficha de filiación complementaria y el adecuado registro de las intervenciones grupales y comunitarias.

13. c) Ambos factores son elementos principales de este modelo.

14. c) Identificar grupos de población y territorios con mayores necesidades en salud según los ejes de desigualdades, en cada uno de los programas e intervenciones.

15. b) El enfoque de universalismo proporcional.

Proyecto estratégico de Prevención de la Soledad no deseada. Comunidades compasivas

1. ¿Qué aspecto de los que se nombra de la soledad como no deseada es incorrecto?

a) Ha sido y es un fenómeno complejo, y considerado un problema sociosanitario.
b) Afecta fundamentalmente a las pequeñas ciudades de los países desarrollados.
c) Se concibe como una epidemia global.

2. ¿Qué factor de los que se nombra contribuye esencialmente en que se dé el problema de la soledad no deseada?

a) El individualismo, como forma de relación en las grandes urbes.
b) Las desigualdades sociales de género, etnia, clase social, territorio, situación migratoria, etc.
c) El colectivismo y la cooperación, como forma de relación en las grandes urbes.

3. ¿En qué sociedades la soledad no deseada es más prevalente?

a) Ciudades pequeñas.
b) Ciudades medianas.
c) Grandes ciudades.

4. ¿Qué proyectos específicos de los que se nombran intentan contribuir a disminuir la soledad no deseada en Madrid, ya que aunque no están dirigidas específicamente a la soledad, incluyen actuaciones en este ámbito?

a) Mirada Activa.
b) Radars.
c) Grandes Vecinos.

5. ¿Qué riesgos en la salud física genera la soledad como problema de salud?

a) Aumento del sistema inmune.
b) Problemas cardiovasculares.
c) Son ciertas a) y b).

6. ¿Qué riesgos en la salud psíquica genera la soledad como problema de salud?

a) Trastorno mental grave.
b) Encefalitis.
c) Meningitis severa.

7. Todo lo que se dice de la soledad y su repercusión en la salud es cierto, excepto:

a) La soledad es un problema con incidencia decreciente.
b) La soledad es un problema de salud pública.
c) La soledad es un problema con repercusión sobre la salud física y mental de las personas.

8. ¿Cuál fue el principal resultado ante la encuesta de salud de la ciudad de Madrid (2017) a la pregunta: con qué frecuencia se ha sentido usted solo/a durante el último año?

a) Una de cada 5 personas encuestadas se ha sentido sola siempre, casi siempre o bastantes veces durante el último año.
b) Una de cada 10 personas encuestadas se ha sentido sola siempre, casi siempre o bastantes veces durante el último año.
c) Una de cada 15 personas encuestadas se ha sentido sola siempre, casi siempre o bastantes veces durante el último año.

9. ¿Qué se denomina el conjunto de conexiones entre individuos, su capacidad de formar redes sociales y generar estados de reciprocidad y confianza, son reconocidos como determinantes sociales de la salud?

a) Comunidad.
b) Sociedad.
c) Cohesión social.

10. ¿Cuál es uno de los principios metodológicos del Proyecto estratégico de Prevención de la Soledad no deseada (PESND)?

a) Aplicación del modelo de pasivos para la salud, para vincular al proyecto los recursos de las comunidades.
b) Atención a los determinantes sociales de salud en la soledad no deseada, desde una perspectiva de interseccionalidad.
c) Nada de lo anterior lo es.

11. ¿Cuál es el objetivo final del Proyecto estratégico de Prevención de la Soledad no deseada (PESND)?

a) Desarrollar itinerarios de actuación adecuados a los diferentes territorios y situaciones de riesgo.
b) Sensibilizar a la ciudadanía y al entorno comunitario en materia de soledad no deseada.
c) Fomentar una sociedad en red donde las personas se vinculen y se favorezca la salud y el bienestar.

12. ¿Qué estrategia en el abordaje de la soledad es aquella que promoverá la sensibilización en materia de soledad no deseada de la población madrileña, se identificarán y crearán oportunidades de encuentro en los distritos para promover la capacidad de las personas de crear y mantener relaciones interpersonales de calidad en el ámbito de su vida cotidiana? Estrategia…

a) Poblacional.
b) Muestral.
c) De riesgo.

13. ¿Qué línea de actuación de la estrategia poblacional en el abordaje de la soledad no deseada es aquella que trata de "Implicar a personas, profesionales y recursos de cada distrito para activar oportunidades de encuentro vecinal y redes de apoyo"? Línea de actuación de…

a) Sensibilización.
b) Creación de una red de colaboradores.
c) Oportunidades de encuentro.

14. ¿Cuál es el objetivo de la Estrategia de riesgo en el abordaje de la soledad, destinada a detectar y conectar a personas en riesgo, situación o con sentimientos de soledad?

a) Identificar a personas en riesgo, situación o con sentimientos de soledad y facilitar itinerarios que les permitan establecer vínculos y oportunidades de participación.
b) Implicar a personas, profesionales y recursos de cada distrito para activar oportunidades de encuentro vecinal y redes de apoyo.
c) Promover la cohesión y relaciones sociales como fuente de salud, visibilizar la soledad como fenómeno estructural y fomentar en la población madrileña actitudes empáticas, solidarias y de corresponsabilidad.

15. ¿Quién será el máximo responsable de la ejecución del Proyecto estratégico de Prevención de la Soledad no deseada (PESND)? Será responsable…

a) El Jefe del programa de intervención con personas mayores vulnerables en situación de aislamiento.
b) El director del Plan Madrid Ciudad de los Cuidados.
c) El equipo directivo de cualquiera de los Centros Municipales de Salud Comunitaria (CMSc) o de los Centros Joven y de Prevención del Deterioro Cognitivo.

En MADTEST tienes **más preguntas de este tema**, y todos tus avances quedan registrados y se reflejan en el ranking.

¡Supera tus límites con MADTEST!

Solución al test n.º 28

1. b) Afecta fundamentalmente a las pequeñas ciudades de los países desarrollados.

2. a) El individualismo, como forma de relación en las grandes urbes.

3. c) Grandes ciudades.

4. c) Grandes Vecinos.

5. b) Problemas cardiovasculares.

6. a) Trastorno mental grave.

7. a) La soledad es un problema con incidencia decreciente.

8. b) Una de cada 10 personas encuestadas se ha sentido sola siempre, casi siempre o bastantes veces durante el último año.

9. c) Cohesión social.

10. b) Atención a los determinantes sociales de salud en la soledad no deseada, desde una perspectiva de interseccionalidad.

11. c) Fomentar una sociedad en red donde las personas se vinculen y se favorezca la salud y el bienestar.

12. a) Poblacional.

13. b) Creación de una red de colaboradores.

14. a) Identificar a personas en riesgo, situación o con sentimientos de soledad y facilitar itinerarios que les permitan establecer vínculos y oportunidades de participación.

15. c) El equipo directivo de cualquiera de los Centros Municipales de Salud Comunitaria (CMSc) o de los Centros Joven y de Prevención del Deterioro Cognitivo.

Vacunación infantil y del adulto: Calendario de vacunación de la Comunidad de Madrid. Otras vacunas administradas en los Centros Municipales de Salud comunitaria (CMSc)

1. ¿Qué vacunas se recomiendan para viajeros internacionales?

a) Triple vírica y vacuna del VPH.
b) Hepatitis A, B y fiebre tifoidea.
c) Hepatitis A, B, fiebre amarilla, meningococo y rabia.

2. ¿Cuál es el objetivo principal de la vacunación en brotes comunitarios?

a) Mejorar la inmunidad individual únicamente.
b) Reducir la transmisión y proteger a la población vulnerable.
c) Contener la propagación y prevenir nuevas infecciones.

3. ¿Qué se administra a personas inmunodeprimidas en los CMSc?

a) Vacuna de fiebre amarilla.
b) Vacuna contra la tosferina.
c) Vacunas específicas adaptadas a su condición.

4. ¿Qué vacuna está indicada para trabajadores sanitarios expuestos a fluidos biológicos?

a) Triple vírica.
b) Vacuna contra el tétanos.
c) Vacuna contra la hepatitis B.

5. ¿A qué edad se administra la primera dosis de la vacuna contra el sarampión, rubéola y parotiditis (SRP) según el calendario 2025 de Madrid?

a) A los 6 meses.
b) A los 12 meses.
c) A los 18 meses.

6. ¿Cuántas dosis de la vacuna frente al virus del papiloma humano (VPH) se administran en adolescentes según el calendario 2025?

a) Dos dosis.
b) Tres dosis.
c) Una dosis.

7. ¿Qué grupo etario debe recibir la vacuna contra el herpes zóster según el calendario 2025?

a) Adolescentes entre 15 y 18 años.
b) Personas de 65 años o más.
c) Recién nacidos.

8. La respuesta del organismo adquirida por contacto anterior con el antígeno o por medio de la penetración de anticuerpos se denomina:

a) Respuesta inmunitaria absoluta.
b) Respuesta inmunitaria inespecífica.
c) Respuesta inmunitaria específica.

9. En algunas vacunas de microorganismos inactivos se suele usar hidróxido de aluminio como:

a) Estabilizador.
b) Preservativo.
c) Adyuvante.

10. ¿Qué vacuna, por su sobreutilización, puede originar una reacción de Arthus?

a) Polio.
b) Difteria.
c) Tétanos.

11. La vacuna para el sarampión y la rubéola puede ocasionar la siguiente reacción adversa:

a) Adenopatías generalizadas.
b) Convulsiones.
c) Síndrome de Guillain-Barré.

12. Con respecto a la conservación, las vacunas se deben conservar entre:

a) 0 y 2º C.
b) 2 y 4º C.
c) 2 y 8º C.

13. ¿En qué lugar del frigorífico no deben almacenarse las vacunas para su conservación?

a) En los estantes de la puerta.
b) En los estantes centrales.
c) Alejadas de las paredes del frigorífico.

14. ¿A qué se denomina el porcentaje de vacunados respecto a la población a vacunar?

a) Índice de vacunables.
b) Tasa de cobertura de vacunación.
c) Tasa de Inmunización de los vacunados.

15. ¿Cómo calificarías de la manera más amplia posible la inmunidad que se produce cuando los anticuerpos proceden de una madre y pasan por vía transplacentaria al niño?

a) Inespecífica, natural y pasiva.
b) Específica, artificial y pasiva.
c) Específica, natural y pasiva.

En MADTEST tienes **más preguntas de este tema**, y todos tus avances quedan registrados y se reflejan en el ranking.

¡Supera tus límites con MADTEST!

Solución al test n.º 29

1. c) Hepatitis A, B, fiebre amarilla, meningococo y rabia.

2. c) Contener la propagación y prevenir nuevas infecciones.

3. c) Vacunas específicas adaptadas a su condición.

4. c) Vacuna contra la hepatitis B.

5. b) A los 12 meses.

6. a) Dos dosis.

7. b) Personas de 65 años o más.

8. c) Respuesta inmunitaria específica.

9. c) Adyuvante.

10. c) Tétanos.

11. a) Adenopatías generalizadas.

12. c) 2 y 8º C.

13. a) En los estantes de la puerta.

14. b) Tasa de cobertura de vacunación.

15. c) Específica, natural y pasiva.

**Concepto y definición de: Metodología de Educación para la Salud.
Aprendizaje significativo. Técnicas y habilidades para el trabajo grupal.
Observación grupal**

1. ¿A cuál de estos profesionales no consideras un agente de la EPS?

a) Trabajadores Sociales.
b) Maestros.
c) Abogados.

2. ¿Cuál es el primer eslabón social para llevar a cabo la práctica de la Educación para la Salud con el fin de mejorar los indicadores de salud en la Comunidad?

a) La familia.
b) Los servicios de salud.
c) La escuela.

3. ¿De quién es competencia la Educación para la Salud en nuestro país a nivel de empresa?

a) Del médico y enfermero de Atención Primaria.
b) De los Servicios Médicos de Empresa y de los Institutos de Seguridad e Higiene en el Trabajo.
c) De los Servicios Médicos de Empresa y del médico y enfermero de Atención Primaria.

4. ¿Cuántos criterios a tener en cuenta estableció Barlett para realizar Educación para la Salud en enfermos?

a) 5.
b) 6.
c) 8.

5. ¿A qué nivel de prevención se corresponden las acciones dirigidas a informar y motivar a los ciudadanos para que abandonen los estilos de vida insanos?

a) Primario.
b) Secundario.
c) Terciario.

6. ¿Qué es falso de los métodos directivos en la Educación para la Salud?

a) El cambio de conducta hacia un mal hábito suele ser permanente.
b) Se apoyan en la autoridad de quien imparte la EPS.
c) El objetivo con estos métodos no suele alcanzarse.

7. Los métodos y medios de Educación para la Salud se fijarán en función de:

a) El receptor, el coste económico de personal que imparte y el tiempo.
b) El coste económico de personal y tiempo que se lleva a cabo.
c) El contenido, el receptor y el coste económico de personal y tiempo.

8. ¿Qué método de Educación para la Salud es indirecto?

a) Proyección de vídeo.
b) Entrevista.
c) Charla.

9. ¿A qué se denomina la capacidad del entrevistador para entender los problemas y sentimientos del paciente?

a) Empatía.
b) Simpatía.
c) Amabilidad.

10. ¿A qué nos referimos con la capacidad del entrevistador para dejar hablar y para escuchar?

a) Asertividad.
b) Reactividad.
c) Simpatía.

11. ¿Qué elemento de la comunicación no verbal habla del estado emocional del individuo?

a) Apariencia física.
b) Escucha activa.
c) Expresiones de la cara.

12. ¿Qué gesto es mesarse los cabellos?

a) Adaptador.
b) Ilustrador.
c) Regulador.

13. ¿Cuál es el instrumento más usado por los profesionales de la Salud para dirigirse a grupos?

a) La entrevista clínica.
b) La clase.
c) La charla educativa.

14. ¿Qué ventaja poseen los folletos?

a) El mensaje siempre permanece.
b) Es difícil repartirlos, ya que los puntos de distribución son muy numerosos.
c) Solo son válidos para personas que saben leer.

15. ¿Qué método de Educación para la Salud es aquel que en el momento de realizarse, al mismo tiempo que se actúa se explica lo que se hace con la pretensión de enseñar?

a) Técnica 66 (Phillips 66).
b) Panel.
c) Demostración.

16. ¿Cuántos suelen ser los miembros de un panel de discusión para una audiencia?

a) 1-2.
b) 2-4.
c) 4-7.

17. ¿Cómo se llama la herramienta que tiene como fin primordial mejorar la salud del paciente, procurando, como objetivo intermedio, cuidar al profesional, es decir, proporcionar a los pacientes la oportunidad de trabajar en sí mismos con miras a lograr mayores recursos y satisfacción personal y como miembros de la sociedad?

a) Técnica 66.
b) Psicodrama.
c) *Counselling*.

18. ¿Qué habilidades que se requieren para la aplicación óptima del *counselling*, permiten la relación interpersonal y, a través de ellas, abordar las emociones de los pacientes y estimular los cambios de conducta?

a) Habilidades emocionales.
b) Habilidades de motivación para el cambio de conducta.
c) Habilidades de comunicación.

19. ¿Qué permite la adopción de tecnologías digitales en la educación para la salud?

a) Menor interacción entre pacientes y profesionales de la salud.
b) Disminución de la autonomía del paciente en la gestión de su salud.
c) Aumento del compromiso de los pacientes en su propio cuidado.

20. ¿Qué nuevo papel están asumiendo las enfermeras de práctica avanzada en el sistema de salud?

a) Solamente en funciones de cuidado directo al paciente.
b) Reducción de responsabilidades clínicas y aumento de tareas administrativas.
c) Roles de liderazgo en investigación y formulación de políticas de salud.

21. ¿Qué caracteriza al aprendizaje significativo según David Ausubel?

a) Es un aprendizaje mecánico basado en la memorización.
b) La nueva información se conecta con conocimientos previos del estudiante.
c) Es un aprendizaje que carece de relevancia personal.

22. ¿Qué condición es fundamental para que ocurra el aprendizaje significativo?

a) La información debe ser memorizada en secuencia.
b) El estudiante debe contar con conocimientos previos adecuados.
c) El material debe ser irrelevante para el aprendiz.

23. ¿Cuál es una característica clave del aprendizaje significativo?

a) Fomenta un aprendizaje repetitivo.
b) Implica la comprensión activa de los contenidos.
c) Desconecta el nuevo conocimiento de las experiencias del aprendiz.

24. ¿Qué ventaja ofrece el aprendizaje significativo?

a) Reduce la necesidad de aplicar el conocimiento en la práctica.
b) Favorece la retención a largo plazo.
c) Requiere un aprendizaje mecánico.

25. ¿Cómo se puede aplicar el aprendizaje significativo en educación para la salud?

a) Enseñando conceptos aislados sin relación con el contexto del aprendiz.
b) Relacionando hábitos saludables con experiencias previas del individuo.
c) Utilizando exclusivamente material teórico.

En MADTEST tienes **más preguntas de este tema**, y todos tus avances quedan registrados y se reflejan en el ranking.

¡Supera tus límites con MADTEST!

Solución al test n.º 30

1. c) Abogados.

2. a) La familia.

3. b) De los Servicios Médicos de Empresa y de los Institutos de Seguridad e Higiene en el Trabajo.

4. c) 8.

5. a) Primario.

6. a) El cambio de conducta hacia un mal hábito suele ser permanente.

7. c) El contenido, el receptor y el coste económico de personal y tiempo.

8. a) Proyección de vídeo.

9. a) Empatía.

10. b) Reactividad.

11. c) Expresiones de la cara.

12. a) Adaptador.

13. c) La charla educativa.

14. a) El mensaje siempre permanece.

15. c) Demostración.

16. c) 4-7.

17. c) *Counselling*.

18. c) Habilidades de comunicación.

19. c) Aumento del compromiso de los pacientes en su propio cuidado.

20. c) Roles de liderazgo en investigación y formulación de políticas de salud.

21. c) Es un aprendizaje que carece de relevancia personal.

22. c) El material debe ser irrelevante para el aprendiz.

23. b) Implica la comprensión activa de los contenidos.

24. b) Favorece la retención a largo plazo.

25. b) Relacionando hábitos saludables con experiencias previas del individuo.

TEST N.º 31

**Definición y fases de: Trabajo comunitario en salud.
Técnicas y habilidades para el desarrollo del trabajo comunitario.
Niveles de atención comunitaria. Niveles de participación
comunitaria. Concepto de participación social.
Factores que influyen en la participación**

1. ¿Qué se debe realizar en primer lugar en el trabajo comunitario en salud?

a) La planificación de actividades.
b) El diagnóstico comunitario.
c) La evaluación de resultados.

2. ¿Qué técnica permite conocer los problemas de salud de una comunidad mediante una representación visual?

a) Mapeo comunitario.
b) Árbol de problemas.
c) Encuestas estructuradas.

3. ¿Qué aspecto es fundamental en la fase de evaluación de un programa de salud comunitaria?

a) Elaborar nuevas estrategias sin analizar las previas.
b) Implementar cambios sin consulta con la comunidad.
c) Comparar los resultados con el diagnóstico inicial.

4. ¿Cuál es un ejemplo de atención secundaria en salud comunitaria?

a) Atención en hospitales de mediana complejidad.
b) Programas de educación sanitaria en escuelas.
c) Campañas de vacunación en la comunidad.

5. ¿Qué nivel de participación comunitaria implica que la comunidad tome decisiones autónomas?

a) Información.
b) Colaboración.
c) Control comunitario.

6. ¿Cuál de estos métodos se usa para recoger información sobre las necesidades de salud en la comunidad?

a) Encuestas y cuestionarios.
b) Aplicación de tratamientos sin consulta previa.
c) Exclusivamente reuniones con personal sanitario.

7. ¿Qué representa un activo en salud según la salutogénesis?

a) Exclusivamente infraestructura médica.
b) Recursos comunitarios que mejoran el bienestar.
c) Factores que generan enfermedad.

8. ¿Cuál es un ejemplo de un grupo de ayuda mutua en salud comunitaria?

a) Alcohólicos Anónimos.
b) Exclusivamente servicios médicos especializados.
c) Programas de internamiento obligatorio.

9. ¿En qué ámbitos interviene la enfermería comunitaria?

a) Individuo y comunidad.
b) Familia y municipio.
c) Individuo, familia y comunidad.

10. ¿Cómo se denominan las personas de la comunidad que realizan determinado tipo de actividades benéficas para la salud de la colectividad?

a) Agentes de salud de la comunidad.
b) Sanitarios comunitarios.
c) Benefactores sociales.

11. ¿Qué actividades no desarrollan los equipos de Atención Primaria de la Salud (EAP), en el marco territorial de su Zona Básica de Salud?

a) Educación sanitaria de la población, docencia e investigación.
b) Promoción de la salud, prevención de las enfermedades y reinserción social.
c) Desarrollan todos los anteriores.

12. ¿Qué aspecto de la comunidad no es correcto para poder iniciar un trabajo donde pretendamos la participación comunitaria en salud?

a) El clima político debe ser favorable y, si no favorece directamente la participación de la comunidad, por lo menos que no la impida.

b) La participación de la comunidad debe ser de carácter forzoso presionando de forma coercitiva lo que se requiera.

c) La comunidad debe estar organizada con capacidad para realizar acciones comunes.

13. ¿Qué expresiones tanto orales como escritas constituyen buenos métodos para conocer la perspectiva del usuario?

a) Reclamaciones y sugerencias de los usuarios de salud de la comunidad.

b) Informes de los asesores de salud, sin necesidad de conocimientos previos de la comunidad.

c) Informes de Trabajadores sociales, sin necesidad de conocimientos previos de la comunidad.

14. ¿Qué cuestiones nos permiten conocer las características de las prestaciones de los Servicios Sanitarios desde el punto de vista de los usuarios?

a) Reclamaciones de los usuarios de salud de la comunidad.

b) Sugerencias de los usuarios de salud de la comunidad.

c) Encuestas de opinión de los usuarios de salud de la comunidad.

15. Señala la opción incorrecta. Respecto al voluntariado social y su participación en la mejora de la salud a la comunidad:

a) Son siempre personas no remuneradas.

b) Son miembros de la Comunidad.

c) Integrantes de la Comunidad de los no profesionalizados.

En MADTEST tienes **más preguntas de este tema,** y todos tus avances quedan registrados y se reflejan en el ranking.

¡Supera tus límites con MADTEST!

Solución al test n.º 31

1. b) El diagnóstico comunitario.

2. a) Mapeo comunitario.

3. c) Comparar los resultados con el diagnóstico inicial.

4. a) Atención en hospitales de mediana complejidad.

5. c) Control comunitario.

6. a) Encuestas y cuestionarios.

7. b) Recursos comunitarios que mejoran el bienestar.

8. a) Alcohólicos Anónimos.

9. c) Individuo, familia y comunidad.

10. a) Agentes de salud de la comunidad.

11. c) Desarrollan todos los anteriores.

12. b) La participación de la comunidad debe ser de carácter forzoso presionando de forma coercitiva lo que se requiera.

13. a) Reclamaciones y sugerencias de los usuarios de salud de la comunidad.

14. c) Encuestas de opinión de los usuarios de salud de la comunidad.

15. a) Son siempre personas no remuneradas.

TEST N.º 32

Conceptos básicos en desigualdades sociales en salud. Ejes de desigualdad. Conocimientos de barreras de acceso a los centros. Conceptos básicos en multiculturalidad e inmigración

1. Según Margaret Whitehead, ¿qué criterios determinan si una diferencia en salud es injusta?

a) Que las diferencias sean sistemáticas y consistentes.
b) El grado de libertad que tienen las personas en la elección de situaciones que afectan su salud.
c) Que las desigualdades sean medidas con instrumentos objetivos.

2. ¿Qué representa el modelo de "capas de cebolla" de Dahlgren y Whitehead?

a) Una estrategia para tratar problemas de salud ya manifestados.
b) Un enfoque que se centra exclusivamente en las características genéticas individuales.
c) Un marco conceptual que describe cómo diferentes factores afectan la salud en capas concéntricas.

3. Según el modelo de la Comisión de Determinantes Sociales de Salud de la OMS, ¿qué categoría incluye factores como la vivienda, los hábitos y el acceso al sistema de salud?

a) Determinantes estructurales.
b) Determinantes políticos.
c) Determinantes intermedios.

4. ¿Cuál de los siguientes índices, mide la desigualdad en la distribución de un indicador de salud?

a) Índice de Gini en Salud.
b) Índice Theil.
c) *Slope Index of Inequality* (SII).

5. ¿Qué plantea el enfoque de género en salud?

a) Que las diferencias entre hombres y mujeres en salud son únicamente biológicas.

b) Que las desigualdades en salud son resultado de las diferencias biológicas y sociales entre hombres y mujeres.

c) Que las diferencias de género en salud son irreversibles debido al determinismo biológico.

6. ¿Cuál de las siguientes es una causa estructural que contribuye a las desigualdades sociales relacionadas con la edad?

a) La falta de infraestructura en los servicios médicos.

b) La falta de acceso a la educación para personas mayores.

c) Los estereotipos, que incluyen creencias generalizadas sobre lo que significa ser joven o viejo.

7. ¿Qué factor se percibe como una barrera para la vida cotidiana de las personas con diversidad funcional?

a) La falta de apoyo social de la comunidad.

b) La disponibilidad de servicios sanitarios adecuados.

c) Las barreras arquitectónicas que dificultan la movilidad.

8. ¿Cuál es uno de los mecanismos que explican la relación entre precariedad laboral y salud?

a) Los trabajadores precarios están más expuestos a condiciones de trabajo que suponen mayores riesgos físicos y psicosociales.

b) El trabajo precario se asocia con un mayor grado de estrés debido al aumento de control sobre la vida profesional.

c) Los trabajadores precarios tienen más tiempo para descansar, lo que mejora su salud.

9. ¿Cuál de los siguientes elementos esenciales forma parte del derecho a la salud según el Comité de Derechos Económicos, Sociales y Culturales de Naciones Unidas?

a) Equidad.

b) Suficiencia.

c) Aceptabilidad.

10. ¿Cuál de las siguientes dimensiones es parte de la accesibilidad al sistema sanitario?

a) Disponibilidad de alimentos.

b) Adaptabilidad cultural de los servicios.

c) Accesibilidad económica.

11. ¿Qué requisito administrativo adicional introduce el Real Decreto-Ley 7/2018 para el acceso a la atención sanitaria?

a) Exigir una prueba de residencia efectiva de tres meses.
b) No permitir la exportación del derecho a la asistencia sanitaria desde el país de origen.
c) No requerir ningún requisito para personas en situación administrativa irregular.

12. ¿Qué aspecto relacionado con las barreras físicas influye en el acceso a la atención sanitaria?

a) La disponibilidad de seguros médicos privados.
b) La ubicación y distribución de los centros de salud.
c) El tiempo de espera para la consulta médica.

13. ¿Cuál es el efecto principal de las barreras culturales en el acceso a la atención sanitaria?

a) Abandono del tratamiento.
b) Imposibilidad de obtener citas.
c) Generan un efecto disuasorio que limita el acceso a la atención sanitaria.

14. ¿Cuál es uno de los factores principales que impulsan a las personas a emigrar?

a) Factores sociopolíticos como la persecución y los conflictos armados.
b) La atracción de áreas con mayor diversidad cultural.
c) La proximidad de países con condiciones climáticas favorables.

15. ¿Cuál de las siguientes afirmaciones describe correctamente la migración circular o de retorno?

a) Es el desplazamiento temporal hacia otro país o región con la intención de no regresar al lugar de origen.
b) Es el desplazamiento temporal hacia otro país o región con la intención de regresar al lugar de origen después de completar un ciclo laboral.
c) Es la migración que ocurre debido a conflictos armados o persecuciones.

En MADTEST tienes **más preguntas de este tema**, y todos tus avances quedan registrados y se reflejan en el ranking.

¡Supera tus límites con MADTEST!

Solución al test n.º 32

1. b) El grado de libertad que tienen las personas en la elección de situaciones que afectan su salud.

2. c) Un marco conceptual que describe cómo diferentes factores afectan la salud en capas concéntricas.

3. c) Determinantes intermedios.

4. a) Índice de Gini en Salud.

5. b) Que las desigualdades en salud son resultado de las diferencias biológicas y sociales entre hombres y mujeres.

6. c) Los estereotipos, que incluyen creencias generalizadas sobre lo que significa ser joven o viejo.

7. c) Las barreras arquitectónicas que dificultan la movilidad.

8. a) Los trabajadores precarios están más expuestos a condiciones de trabajo que suponen mayores riesgos físicos y psicosociales.

9. c) Aceptabilidad.

10. c) Accesibilidad económica.

11. b) No permitir la exportación del derecho a la asistencia sanitaria desde el país de origen.

12. b) La ubicación y distribución de los centros de salud.

13. c) Generan un efecto disuasorio que limita el acceso a la atención sanitaria.

14. a) Factores sociopolíticos como la persecución y los conflictos armados.

15. b) Es el desplazamiento temporal hacia otro país o región con la intención de regresar al lugar de origen después de completar un ciclo laboral.

TEST N.º 33

**Material Sanitario: Limpieza del material sanitario.
Desinfección. Esterilización. El autoclave**

1. ¿Qué tipo de agentes utiliza más frecuentemente la asepsia para conseguir matar y eliminar los microorganismos?

a) Agentes mecánicos.
b) Agentes físicos.
c) Agentes biológicos.

2. El material estéril:

a) No posee ningún tipo de microorganismo patógeno.
b) No posee gérmenes tipo virus, bacterias y hongos.
c) No posee ningún tipo de microorganismo patógeno, ni microorganismo no patógeno, e incluso ni siquiera sus formas de resistencia.

3. ¿Qué termino es sinónimo de antisepsia en la práctica?

a) Descontaminación.
b) Desinfección.
c) Esterilización.

4. ¿Cómo se denomina al conjunto de técnicas destinadas a la eliminación de los artrópodos?

a) Desinsectación.
b) Desinfección.
c) Esterilización.

5. ¿Qué insecticidas en la práctica se consideran los más importantes?

a) Asfixiantes.
b) Fumigantes.
c) Por contacto.

6. ¿A qué grupo de insecticidas pertenece el famoso DDT?

a) Asfixiantes.
b) Fumigantes.
c) Por contacto.

7. ¿Dónde incluirías a la aguja de Reverdin en la clasificación del instrumental quirúrgico?

a) En instrumental de Hemostasia.
b) En instrumental de sutura.
c) En instrumental de disección.

8. Dentro de la clasificación de bisturíes entra:

a) Tijeras para suturas.
b) Pinzas de Kelly.
c) Las lancetas.

9. Las pinzas utilizadas para hemostasia de menor tamaño son:

a) Pean.
b) Kelly.
c) Mosquito.

10. El instrumental quirúrgico de síntesis es el instrumental:

a) De talla o campo.
b) De sutura.
c) De hemostasia.

11. ¿Qué método se emplea para la destrucción de todos los microorganismos y formas de resistencia de los mismos (esporas)?

a) Antisepsia.
b) Desinfección.
c) Esterilización.

12. ¿Cuándo se considera que un producto crítico es estéril?

a) Cuando la probabilidad de que un microorganismo esté presente en forma activa o latente es igual o menor de 1 en 10.000.
b) Cuando la probabilidad de que un microorganismo esté presente en forma activa o latente es igual o menor de 1 en 100.000.
c) Cuando la probabilidad de que un microorganismo esté presente en forma activa o latente es igual o menor de 1 en 1.000.000.

13. ¿Cuál de estos mecanismos de acción no se emplea en esterilización?

a) Muerte por calor.
b) Muerte por frío.
c) Muerte por agente químico.

14. Corrientemente los agentes químicos producen esterilización mediante:

a) Transferencia y alquilación.
b) Reducción y transformación.
c) Oxidación y alquilación.

15. ¿Cuál de estas técnicas de esterilización es en "frío"?

a) Mediante autoclave.
b) Mediante horno Pasteur.
c) Mediante radiación gamma.

16. ¿Qué técnica de esterilización emplea calor húmedo?

a) Autoclave.
b) Hervido.
c) Horno Pasteur o Poupinel.

17. ¿A qué presión irá el autoclave (en atmósferas) como medio de esterilización de material si se utiliza a 120 ºC?

a) 1 atmósfera.
b) 2 atmósferas.
c) 3 atmósferas.

18. ¿A partir de qué temperatura destruimos las esporas a través de técnicas de calor húmedo?

a) A partir de 100 ºC.
b) A partir de 121 ºC.
c) A partir de 125 ºC.

19. ¿A qué temperatura o ciclos de temperatura se esteriliza en autoclave material en contacto con priones?

a) Ciclos de vapor de 121 ºC.
b) Ciclos de vapor de 125 ºC
c) Ciclos de vapor de 140 ºC.

20. En la esterilización "flash" por autoclave a 1 kg de presión, una atmósfera es equivalente a:

a) 120 ºC.
b) 124 ºC.
c) 134 ºC.

En MADTEST tienes **más preguntas de este tema**, y todos tus avances quedan registrados y se reflejan en el ranking.

¡Supera tus límites con MADTEST!

Solución al test n.º 33

1. b) Agentes físicos.

2. c) No posee ningún tipo de microorganismo patógeno, ni microorganismo no patógeno, e incluso ni siquiera sus formas de resistencia.

3. b) Desinfección.

4. a) Desinsectación.

5. c) Por contacto.

6. c) Por contacto.

7. b) En instrumental de sutura.

8. c) Las lancetas.

9. c) Mosquito.

10. b) De sutura.

11. c) Esterilización.

12. c) Cuando la probabilidad de que un microorganismo esté presente en forma activa o latente es igual o menor de 1 en 1.000.000.

13. b) Muerte por frío.

14. c) Oxidación y alquilación.

15. c) Mediante radiación gamma.

16. a) Autoclave.

17. a) 1 atmósfera.

18. b) A partir de 121 ºC

19. c) Ciclos de vapor de 140 ºC.

20. a) 120 ºC.

TEST N.º 34

Obtención y conservación de muestras biológicas en la atención a las adicciones en un Centro de Atención a las Adicciones (CAD)

1. ¿Cuál es el objetivo principal de los Centros de Atención a las Adicciones (CAD) del Ayuntamiento de Madrid?

a) Ofrecer tratamiento psicológico y, en algunos casos, realizar estudios sobre las conductas adictivas.
b) Prevenir, tratar y rehabilitar a personas con problemas de adicción.
c) Proveer muestras biológicas para estudios científicos.

2. Para el tratamiento y la atención a personas con adicciones se requiere un enfoque:

a) Holístico.
b) Integral.
c) Multidisciplinar.

3. ¿Qué debe obtenerse antes de la recogida de cualquier muestra biológica en un CAD?

a) Un diagnóstico médico.
b) El consentimiento informado del paciente.
c) Un formulario de cadena de custodia.

4. ¿Qué normativa regula la protección de los datos sensibles en los CAD?

a) Ley Orgánica 1/2015.
b) Ley Orgánica 3/2018.
c) Reglamento Europeo de Muestras.

5. ¿Qué protocolo se debe seguir para garantizar la validez de las muestras biológicas recogidas en un CAD?

a) Usar un sistema de transporte certificado.
b) Mantener la cadena de custodia durante todo el proceso.
c) Realizar pruebas rápidas en el mismo centro.

6. ¿Qué características deben cumplir las muestras biológicas durante el transporte al laboratorio?

a) Embalarse herméticamente y mantener la documentación de la cadena de custodia.
b) Transportarse en contenedor disponible.
c) Ser etiquetadas solo con el nombre del paciente.

7. ¿Cuál es una de las principales limitaciones del uso de la saliva como muestra biológica?

a) Su ventana de detección es corta.
b) Es un líquido contaminado.
c) Puede reflejar el consumo crónico de sustancias.

8. ¿Qué técnica es la más adecuada para el análisis de metabolitos en sangre?

a) Inmunoensayos.
b) Cromatografía de gases (GC).
c) Cromatografía líquida de alta resolución (HPLC).

9. ¿Cuál es una ventaja clave del análisis de cabello en el contexto de las adicciones?

a) Permite detectar intoxicaciones agudas.
b) Refleja el consumo crónico de sustancias.
c) Se obtiene fácilmente sin equipo especializado.

10. ¿Cuál de las siguientes técnicas combina cromatografía con análisis molecular?

a) Inmunoensayos.
b) Espectrometría de masas (MS).
c) Cromatografía con espectrometría de masas (GC-MS).

11. ¿A qué temperatura deben mantenerse las muestras de saliva para su conservación a corto plazo?

a) A temperatura ambiente.
b) A 4 °C.
c) Siempre a −20 °C.

12. ¿Cuál es el principal propósito de la cadena de custodia?

a) Proteger las muestras de contaminaciones externas y cruzadas.
b) Mantener la integridad y trazabilidad de las muestras.
c) Aumentar la seguridad del personal que manipula las muestras.

13. ¿Qué muestra biológica se conserva a temperatura ambiente para análisis a largo plazo?

a) Sangre.
b) Saliva.
c) Cabello.

14. ¿Qué se debe registrar como parte de las condiciones de conservación de las muestras en los CAD?

a) El tamaño de la muestra.
b) El tipo de análisis a realizar.
c) Las temperaturas y condiciones de almacenamiento.

15. ¿Cuánto tiempo puede conservarse una muestra de saliva en refrigeración sin que se degrade?

a) 12 horas.
b) 24 horas.
c) 48 horas.

En MADTEST tienes **más preguntas de este tema**, y todos tus avances quedan registrados y se reflejan en el ranking.

¡Supera tus límites con MADTEST!

Solución al test n.º 34

1. b) Prevenir, tratar y rehabilitar a personas con problemas de adicción.

2. c) Multidisciplinar.

3. b) El consentimiento informado del paciente.

4. b) Ley Orgánica 3/2018.

5. b) Mantener la cadena de custodia durante todo el proceso.

6. a) Embalarse herméticamente y mantener la documentación de la cadena de custodia.

7. a) Su ventana de detección es corta.

8. c) Cromatografía líquida de alta resolución (HPLC).

9. b) Refleja el consumo crónico de sustancias.

10. c) Cromatografía con espectrometría de masas (GC-MS).

11. b) A 4 °C.

12. b) Mantener la integridad y trazabilidad de las muestras.

13. c) Cabello.

14. c) Las temperaturas y condiciones de almacenamiento.

15. c) 48 horas.

TEST N.º 35

**Medicamentos en un Centro de Atención a las Adicciones (CAD):
Tipos de medicamentos. Gestión de material sanitario.
Condiciones de conservación y almacenaje. Caducidades**

1. Toda sustancia empleada en la fabricación de un medicamento, ya permanezca inalterada, se modifique o desaparezca en el transcurso del proceso, se llama:

a) Excipiente.
b) Coadyuvante.
c) Materia prima.

2. ¿Cómo se denomina todo medicamento que tenga la misma composición cualitativa y cuantitativa en principios activos y la misma forma farmacéutica, y cuya bioequivalencia con el medicamento de referencia haya sido demostrada por estudios adecuados de biodisponibilidad?

a) Medicamento especial.
b) Medicamento magistral.
c) Medicamento genérico.

3. ¿Cómo se consideran las «premezclas para piensos medicamentosos» elaboradas para ser incorporadas a un pienso?

a) Medicamentos de uso humano.
b) Medicamentos de uso veterinario.
c) Medicamentos de terapia génica.

4. La farmacodinamia estudia:

a) Los efectos de los fármacos en el organismo.
b) La aplicación de los fármacos en el ser humano con la finalidad de curar o de alterar voluntariamente una función normal.
c) Las reacciones adversas y las enfermedades producidas por los medicamentos.

5. Cuando digo aspirina me estoy refiriendo a:

a) La marca registrada (nombre comercial).
b) Nombre científico.
c) Nombre químico.

6. ¿Qué mecanismo de acción de fármacos serán aquellos en los que no intervienen estructuras biológicas especializadas (receptores)?

a) Estocástico.
b) No específico.
c) Específico.

7. ¿Qué órgano se encarga de la eliminación de los metabolitos?

a) Esófago.
b) Estómago.
c) Hígado.

8. El paso del fármaco de la sangre a los tejidos dependerá de su fijación a:

a) Proteínas plasmáticas.
b) Lípidos serológicos.
c) Glúcidos plasmáticos.

9. El efecto primario pretendido, es decir, la razón por la cual se prescribe el fármaco, con una dosis mínima eficaz es el efecto:

a) Secundario.
b) Lateral.
c) Terapéutico.

10. ¿Qué medicamentos de estos son formas farmacéuticas líquidas?

a) Polvos.
b) Sellos.
c) Emulsiones.

11. ¿Cuál es el mecanismo principal del disulfiram en pacientes con dependencia alcohólica?

a) Bloquear los efectos placenteros del alcohol.
b) Provocar una reacción adversa al consumo de alcohol.
c) Restaurar el equilibrio químico en el cerebro.

12. ¿Qué medicamento se utiliza para tratar el craving en pacientes con dependencia a la nicotina?

a) Metadona.
b) Naloxona.
c) Vareniclina.

13. ¿Qué medicamento es comúnmente usado en programas de sustitución para pacientes con dependencia a opioides?

a) Metadona.
b) Acamprosato.
c) Ondansetrón.

14. ¿Qué fármaco es un antagonista de los receptores opioides utilizado para revertir sobredosis?

a) Flumazenil.
b) Bupropión.
c) Naloxona.

15. ¿Qué medicamento se usa para tratar comorbilidades psiquiátricas en pacientes con trastorno bipolar y adicciones?

a) Clonidina.
b) Litio.
c) Naltrexona.

En MADTEST tienes **más preguntas de este tema**, y todos tus avances quedan registrados y se reflejan en el ranking.

¡Supera tus límites con MADTEST!

Solución al test n.º 35

1. c) Materia prima.

2. c) Medicamento genérico.

3. b) Medicamentos de uso veterinario.

4. a) Los efectos de los fármacos en el organismo.

5. a) La marca registrada (nombre comercial).

6. b) No específico.

7. c) Hígado.

8. a) Proteínas plasmáticas.

9. c) Terapéutico.

10. c) Emulsiones.

11. b) Provocar una reacción adversa al consumo de alcohol.

12. c) Vareniclina.

13. a) Metadona.

14. c) Naloxona.

15. b) Litio.

TEST N.º 36

Decreto 83/1999, por el que se regulan las actividades de producción y de gestión de los residuos biosanitarios y citotóxicos en la Comunidad de Madrid: Definición de residuos sanitarios, biosanitarios y citotóxicos. Clasificación de los residuos sanitarios. Envasado. Características de los envases para residuos citotóxicos. Depósito intermedio. Traslado interno. Depósito final. Frecuencia de retirada de los residuos biosanitarios especiales y residuos citotóxicos

1. A los efectos del Decreto 83/1999, de 3 de junio de la Comunidad de Madrid, ¿cómo se denominan los residuos, cualquiera que sea su estado, generados en centros sanitarios, incluidos los envases, y residuos de envases, que los contengan o los hayan contenido?

a) Residuos biosanitarios.
b) Residuos sanitarios.
c) Residuos citotóxicos.

2. Según dispone el artículo 2 del Decreto 83/1999, de 3 de junio de la Comunidad de Madrid, ¿cómo se denominan los residuos compuestos por restos de medicamentos citotóxicos y todo material que haya estado en contacto con ellos, que presentan riesgos carcinogénicos, mutagénicos o teratogénicos?

a) Residuos biosanitarios.
b) Residuos biológicos.
c) Residuos citotóxicos.

3. ¿A qué clasificación del Decreto 83/1999, de 3 de junio de la Comunidad de Madrid pertenecen los residuos compuestos por papel, cartón, metales, vidrio, restos de comida, así como otros tipos de residuos que normalmente se generan en estancias o áreas de un centro sanitario donde no se realizan actividades propiamente sanitarias, tales como oficinas, comedores, cafetería, almacenes, salas de espera y similares?

a) A la Clase V o Residuos Químicos.
b) A la Clase I o Residuos Generales.
c) A la Clase II o Residuos Biosanitarios Asimilables a Urbanos.

4. Según la clasificación del Decreto 83/1999, de 3 de junio de la Comunidad de Madrid, ¿a qué grupo pertenecen los residuos y escombros procedentes de obras menores de construcción y reparación domiciliaria?

a) A la Clase I o Residuos Generales.
b) A la Clase VII o Residuos Radiactivos.
c) A la Clase II o Residuos Biosanitarios Asimilables a Urbanos.

5. Según la clasificación del Decreto 83/1999, de 3 de junio de la Comunidad de Madrid, ¿a qué grupo pertenecen los residuos biosanitarios que no se clasifiquen como Residuos Biosanitarios Especiales o de Clase III?

a) A la Clase I o Residuos Generales.
b) A la Clase VII o Residuos Radiactivos.
c) A la Clase II o Residuos Biosanitarios Asimilables a Urbanos.

6. Según la clasificación del Anexo Primero del Decreto 83/1999, ¿a qué grupo pertenecen los residuos en contacto con pacientes afectados de fiebre de Lasa?

a) Al Grupo 2: Residuos de pacientes con infecciones de transmisión oral-fecal.
b) Al Grupo 4: Filtros de diálisis de pacientes infecciosos.
c) Al Grupo 1: Residuos de pacientes con infecciones altamente virulentas, erradicadas, importadas o de muy baja incidencia en España.

7. Según la clasificación del Anexo Primero del Decreto 83/1999, ¿a qué grupo pertenecen los residuos contaminados con secreciones respiratorias de pacientes con tuberculosis?

a) Al Grupo 3: Residuos de pacientes con infecciones de transmisión por aerosoles.
b) Al Grupo 9: Residuos anatómicos humanos.
c) Al Grupo 1: Residuos de pacientes con infecciones altamente virulentas, erradicadas, importadas o de muy baja incidencia en España.

8. Según la clasificación del Anexo Primero del Decreto 83/1999, ¿a qué grupo pertenecen los residuos consistentes en agujas hipodérmicas, hojas de bisturí, lancetas, capilares, portaobjetos?

a) Al Grupo 8: Cantidades importantes de líquidos corporales, especialmente sangre humana.
b) Al Grupo 5: Residuos punzantes o cortantes.
c) Al Grupo 4: Filtros de diálisis de pacientes infecciosos.

9. Según la clasificación del Anexo Primero del Decreto 83/1999, ¿a qué grupo pertenecen los residuos consistentes en muestras de sangre o productos derivados, en cantidades superiores a 100 ml?

a) Al Grupo 8: Cantidades importantes de líquidos corporales, especialmente sangre humana.
b) Al Grupo 6: Cultivos y reservas de agentes infecciosos.
c) Al Grupo 4: Filtros de diálisis de pacientes infecciosos.

10. Según dispone el artículo 13 del Decreto 83/1999, ¿cómo deben acumularse los residuos citotóxicos?

a) En envases rígidos de color rojo.
b) En envases rígidos de color verde.
c) En envases rígidos de color azul.

11. Según dispone el artículo 15 del Decreto 83/1999, ¿con qué periodicidad debe realizarse la evaluación de los contenedores de residuos biosanitarios o residuos citotóxicos del depósito intermedio?

a) Semanal.
b) Como mínimo, diaria.
c) Como mínimo, cada 48 horas.

12. ¿Cómo debe estar señalizado el local destinado al depósito intermedio de residuos?

a) Con el texto "Prohibido el paso a toda persona ajena a la empresa".
b) Con el texto "Área restringida. Prohibida la entrada a toda persona no autorizada".
c) Con el texto "Área de depósito de residuos. Prohibida la entrada a toda persona no autorizada".

13. ¿Cuál de las siguientes afirmaciones sobre el traslado interno de los residuos biosanitarios y residuos citotóxicos es falsa?

a) En el traslado interno se prohíbe la utilización de trampillas y bajantes, así como de cualquier otro sistema que pueda afectar a la integridad de los envases.

b) Los envases no deben arrastrarse por el suelo en ningún caso.

c) Pueden hacerse trasvases de residuos de un envase a otro.

14. ¿Cuál de las siguientes no es una de las condiciones previstas en el artículo 17 del Decreto 83/1999 que debe cumplir el área de depósito final de residuos biosanitarios y residuos citotóxicos?

a) Contar con un vigilante de seguridad que custodie el acceso al área.

b) Señalizada con el texto "Área de depósitos de residuos. Prohibida la entrada a toda persona no autorizada", visible desde todas las direcciones a una distancia mínima de cinco metros.

c) Alejada de ventanas y rejillas de aspiración de sistemas de ventilación.

15. Según dispone el artículo 17 del Decreto 83/1999, ¿con qué frecuencia debe realizarse la retirada de los residuos biosanitarios especiales o de los residuos citotóxicos cuando la producción media mensual esté comprendida entre 251 y 1.000 kilogramos?

a) Cada cuatro días.

b) Cada siete días.

c) Cada quince días.

En MADTEST tienes **más preguntas de este tema**, y todos tus avances quedan registrados y se reflejan en el ranking.

¡Supera tus límites con MADTEST!

Solución al test n.º 36

1. b) Residuos sanitarios.

2. c) Residuos citotóxicos.

3. b) A la Clase I o Residuos Generales.

4. a) A la Clase I o Residuos Generales.

5. c) A la Clase II o Residuos Biosanitarios Asimilables a Urbanos.

6. c) Al Grupo 1: Residuos de pacientes con infecciones altamente virulentas, erradicadas, importadas o de muy baja incidencia en España.

7. a) Al Grupo 3: Residuos de pacientes con infecciones de transmisión por aerosoles.

8. b) Al Grupo 5: Residuos punzantes o cortantes.

9. a) Al Grupo 8: Cantidades importantes de líquidos corporales, especialmente sangre humana.

10. c) En envases rígidos de color azul.

11. b) Como mínimo, diaria.

12. c) Con el texto "Área de depósito de residuos. Prohibida la entrada a toda persona no autorizada".

13. c) Pueden hacerse trasvases de residuos de un envase a otro.

14. a) Contar con un vigilante de seguridad que custodie el acceso al área.

15. b) Cada siete días.

TEST N.º 37

**El Plan de Adicciones de la Ciudad de Madrid vigente:
Servicios y recursos de apoyo a la prevención,
tratamiento y reinserción de Adicciones**

1. ¿Cuál es una de las principales líneas estratégicas del Plan de Adicciones de Madrid 2022-2026?

a) Promover el consumo responsable de sustancias legales.
b) Incorporar la perspectiva de género en todas las acciones.
c) Reducir la oferta de servicios de atención comunitaria.

2. ¿Qué sustancia es la más consumida según los datos de la encuesta EDADES?

a) Cannabis.
b) Alcohol.
c) Hipnosedantes.

3. ¿Cuál es el objetivo del programa «QuiereT Mucho"?

a) Fomentar únicamente actividades deportivas.
b) Promover el consumo responsable de sustancias legales.
c) Fomentar hábitos saludables y prevenir conductas adictivas entre adolescentes.

4. ¿Qué perfil describe al grupo más vulnerable al consumo de cannabis según los datos de ESTUDES?

a) Jóvenes de 15 a 34 años.
b) Personas mayores de 65 años.
c) Mujeres de 40 a 50 años.

5. ¿Qué recurso ofrece el Instituto de Adicciones para adolescentes con riesgo de adicción?

a) Tratamiento residencial obligatorio.
b) Centros de Atención a las Adicciones (CAD) con equipos especializados.
c) Únicamente sesiones grupales de concienciación.

6. ¿Cuál es un objetivo del programa «Acción Botellón»?

a) Prohibir el uso de espacios públicos por los jóvenes.
b) Sensibilizar a los jóvenes sobre los riesgos del consumo de alcohol en espacios abiertos.
c) Incrementar las sanciones administrativas.

7. ¿Qué ofrece el «Centro de día terapéutico para adolescentes»?

a) Alojamiento nocturno y servicios de alimentación.
b) Atención médica exclusivamente para casos graves.
c) Espacios de intervención psicoterapéutica y actividades educativas.

8. ¿Qué iniciativa tiene como objetivo prevenir el uso compulsivo de videojuegos en adolescentes?

a) Programa "Sembrando Salud".
b) Talleres de capacitación tecnológica y control del tiempo de uso.
c) Intervenciones exclusivamente individuales.

9. ¿Qué función tienen los CAD (Centros de Atención a las Adicciones)?

a) Brindar solo orientación para el consumo responsable.
b) Aplicar sanciones a personas con conductas adictivas.
c) Ofrecer tratamiento integral para la prevención, intervención y rehabilitación de adicciones.

10. ¿Qué medida contempla el Plan de Adicciones para reducir el consumo de tabaco en jóvenes?

a) Promover el uso de cigarrillos electrónicos como alternativa.
b) Sustituir las campañas educativas por sanciones.
c) Realizar campañas de sensibilización y promover espacios libres de humo.

11. ¿Qué recurso ofrece el programa "Madrid Libre de Drogas"?

a) Información, prevención y atención a personas con problemas de adicciones.
b) Servicios exclusivos de emergencia médica.
c) Solo actividades educativas en escuelas.

12. ¿Qué sustancia se incluye como prioridad en las acciones de reducción de daños del Plan de Adicciones?

a) Hipnosedantes.
b) Opioides como la heroína.
c) Suplementos alimenticios mal regulados.

13. ¿Qué técnica terapéutica es utilizada para prevenir recaídas en los CAD?

a) Terapia electroconvulsiva.
b) Estrategias de aislamiento.
c) Terapia cognitivo-conductual.

14. ¿Qué grupo de edad tiene prioridad en los programas de prevención del Plan de Adicciones?

a) Adultos mayores de 60 años.
b) Jóvenes menores de 15 años exclusivamente.
c) Adolescentes y jóvenes entre 15 y 34 años.

15. ¿Qué acción promueve la línea estratégica de "Sensibilización y educación" del Plan de Adicciones?

a) Campañas de normalización del consumo recreativo.
b) Formación solo para personal sanitario.
c) Talleres y campañas informativas en centros educativos y comunitarios.

En MADTEST tienes **más preguntas de este tema**, y todos tus avances quedan registrados y se reflejan en el ranking.

¡Supera tus límites con MADTEST!

Solución al test n.º 37

1. b) Incorporar la perspectiva de género en todas las acciones.

2. b) Alcohol.

3. c) Fomentar hábitos saludables y prevenir conductas adictivas entre adolescentes.

4. a) Jóvenes de 15 a 34 años.

5. b) Centros de Atención a las Adicciones (CAD) con equipos especializados.

6. b) Sensibilizar a los jóvenes sobre los riesgos del consumo de alcohol en espacios abiertos.

7. c) Espacios de intervención psicoterapéutica y actividades educativas.

8. b) Talleres de capacitación tecnológica y control del tiempo de uso.

9. c) Ofrecer tratamiento integral para la prevención, intervención y rehabilitación de adicciones.

10. c) Realizar campañas de sensibilización y promover espacios libres de humo.

11. a) Información, prevención y atención a personas con problemas de adicciones.

12. b) Opioides como la heroína.

13. c) Terapia cognitivo-conductual.

14. c) Adolescentes y jóvenes entre 15 y 34 años.

15. c) Talleres y campañas informativas en centros educativos y comunitarios.

Prevención de accidentes y Primeros Auxilios (I): Soporte vital básico en primeros auxilios según el Protocolo del Consejo Europeo de Resucitación (ERC) vigente: Actuación del primer interviniente

1. Definimos una parada respiratoria como:

a) La ausencia de respiración en presencia de actividad cardiaca.
b) La alteración de la respiración en cualquier modelo.
c) La ausencia de respiración y contracciones cardiacas.

2. Las siglas P.A.S. corresponden a:

a) Prevenir, actuar y seleccionar.
b) Prevenir, actuar y Socorrer.
c) Proteger, avisar y socorrer.

3. El número seleccionado en toda Europa para avisar a los servicios de emergencias es:

a) 161
b) 016
c) 112

4. La valoración de la conciencia se encuentra en la valoración:

a) Inicial.
b) Primaria.
c) Visual.

5. Si tenemos una hemorragia en sábana es una hemorragia:

a) Arterial.
b) Venosa.
c) Capilar.

6. Ante una hemorragia venosa deberemos:

a) comprimir con fuerza sobre la herida.
b) Colocar un torniquete por debajo de la herida.
c) No hace falta hacer nada debido a su escasa cuantía.

7. El torniquete se colocará:

a) En amputaciones.
b) En hemorragias arteriales.
c) En todas las hemorragias.

8. Como norma al tratar una herida deberemos:

a) Tapar la herida sin limpiarla, deben ser limpiadas en un centro sanitario.
b) Usar un antiséptico transparente.
c) Eliminar los objetos incrustados.

9. Una herida que atraviesa el cuerpo se denomina:

a) Perforante.
b) Punzante.
c) Profunda.

10. Según el riesgo de infección una herida no puede ser:

a) Grave.
b) Sucia.
c) Limpia.

11. Un esguince se define como:

a) Una articulación que se ha salido de su sitio.
b) Una elongación de los tendones de una articulación.
c) Una ruptura ósea que no ha abierto la piel.

12. La aparición de ampollas nos indica la presencia de un quemadura:

a) De primer grado.
b) De segundo grado.
c) De tercer grado.

13. ¿Cuál de las siguientes afirmaciones sobre la lipotimia es falsa?

a) Son pérdidas de conocimientos que duran poco tiempo.
b) Se relacionan con estados emocionales intensos.
c) Daremos líquidos para mejorar el estado, pero siempre con el paciente sentado.

14. La principal diferencia entre un síncope y una lipotimia es:

a) La duración.
b) La causa.
c) La sintomatología previa.

15. En caso de convulsión deberemos:

a) Sujetar firmemente al paciente.
b) Meter algo en su boca para que no se muerta la lengua.
c) Retirar los muebles y colocar algo bajo la cabeza.

En MADTEST tienes **más preguntas de este tema**, y todos tus avances quedan registrados y se reflejan en el ranking.

¡Supera tus límites con MADTEST!

Solución al test n.º 38

1. a) La ausencia de respiración en presencia de actividad cardiaca.

2. c) Proteger, avisar y socorrer.

3. c) 112

4. b) Primaria.

5. c) Capilar.

6. a) comprimir con fuerza sobre la herida.

7. a) En amputaciones.

8. b) Usar un antiséptico transparente.

9. a) Perforante.

10. a) Grave.

11. b) Una elongación de los tendones de una articulación.

12. b) De segundo grado.

13. c) Daremos líquidos para mejorar el estado, pero siempre con el paciente sentado.

14. c) La sintomatología previa.

15. c) Retirar los muebles y colocar algo bajo la cabeza.

Prevención de accidentes y Primeros Auxilios (II): Resucitación cardiopulmonar básica (RCPB): valoración del nivel de consciencia, comprobación de la ventilación, protocolo de RCPB ante una persona inconsciente con signos de actividad cardiaca, protocolo de RCPB ante una persona con parada cardiorrespiratoria, RCPB en casos especiales: embarazadas, lactantes y niños

1. La cadena de supervivencia es:

a) La secuencia a seguir a la hora de atender a una PCR.
b) Los pasos a seguir para acercarnos a una víctima.
c) Los pasos para poder realizar de forma correcta la RCP

2. Las siglas RCP corresponden a:

a) Reanimación Cardio Pulmonar.
b) Reacción cardiológica primaria.
c) Parada Cardio Respiratoria.

3. El cerebro humano comienza a deteriorarse tras:

a) 4 minutos de inactividad del corazón.
b) 10 minutos de inactividad del corazón.
c) 15 minutos de inactividad del corazón.

4. Para valorar la conciencia deberemos:

a) Estimular oral y sensitivamente al paciente.
b) Abrir la vía aérea.
c) Tomar el pulso.

5. Para valorar la respiración el paciente deberá:

a) Estar consciente y normal.
b) Estar inconsciente.
c) Ya no se valora la respiración.

6. Para valorar la ventilación deberemos:

a) Abrir la vía aérea.
b) Preguntar con voz alta y clara.
c) Tomar el pulso.

7. La maniobra VOS sirve para:

a) Abrir la vía aérea.
b) Valorar la conciencia.
c) Valorar la respiración.

8. Ante un paciente consciente deberemos:

a) Valorar la respiración.
b) Valorar su estado.
c) Iniciar RCP.

9. Si el paciente está inconsciente y no respira deberemos:

a) Poner en PLS.
b) Iniciar insuflaciones.
c) Iniciar RCP

10. La secuencia correcta entre masaje e insuflaciones en adultos es:

a) 30/2.
b) 2/30.
c) 15/2.

11. El masaje cardiaco externo sirve para:

a) Sustituir la función normal del corazón.
b) Sustituir la respiración del paciente.
c) Valorar la conciencia del paciente.

12. Para realizar una insuflación deberemos hacer:

a) Una inspiración profunda.
b) Una inspiración suave.
c) Una inspiración normal.

13. Existen dos tipos de obstrucción de la vía aérea que son:

a) Parcial y completa.
b) Primaria y secundaria.
c) Total y grave.

14. Si el paciente presenta tos deberemos:

a) Animar a toser.
b) Realizar la maniobra de Heimlich.
c) Dar golpes interescapulares.

15. ¿Cuál de las siguientes afirmaciones sobre el uso de los DESA es falso?

a) Los DESAS ofrecen indicaciones visuales y auditivas.
b) Colocaremos los parches en la posición que aparece en los parches dibujado.
c) Colocaremos los parches directamente sobre la ropa del paciente asegurándonos de que quedan bien pegados.

En MADTEST tienes **más preguntas de este tema**, y todos tus avances quedan registrados y se reflejan en el ranking.

¡Supera tus límites con MADTEST!

Solución al test n.º 39

1. a) La secuencia a seguir a la hora de atender a una PCR.

2. a) Reanimación Cardio Pulmonar.

3. a) 4 minutos de inactividad del corazón.

4. a) Estimular oral y sensitivamente al paciente.

5. b) Estar inconsciente.

6. a) Abrir la vía aérea.

7. c) Valorar la respiración.

8. b) Valorar su estado.

9. c) Iniciar RCP

10. a) 30/2.

11. a) Sustituir la función normal del corazón.

12. c) Una inspiración normal.

13. a) Parcial y completa.

14. a) Animar a toser.

15. c) Colocaremos los parches directamente sobre la ropa del paciente asegurándonos de que quedan bien pegados.

TEST N.º 40

Ley 5/2002, de 27 de junio, sobre Drogodependencias y otros Trastornos Adictivos: Título preliminar: Disposiciones Generales. Título I: Reducción de la demanda a través de medidas preventivas

1. ¿Cuál es la norma que tiene como objeto la ordenación de las competencias y actuaciones de las entidades públicas y privadas destinadas a la prevención y asistencia de las drogodependencias y otros trastornos adictivos, y la integración de las personas drogodependientes o con otros trastornos adictivos, en la Comunidad de Madrid?

a) Ley Orgánica 3/1983, de 25 de febrero, de Estatuto de Autonomía de la Comunidad de Madrid.

b) Ley 5/2002, de 27 de junio, sobre Drogodependencias y otros Trastornos Adictivos de la Comunidad de Madrid.

c) Ley 14/1986, de 25 de abril, General de Sanidad.

2. ¿Son los extranjeros destinatarios de la Ley 5/2002?

a) No, únicamente los españoles residentes en la Comunidad de Madrid.

b) Sí, cuando se encuentren inscritos en el Padrón del municipio de la Comunidad de Madrid en que residan habitualmente.

c) Únicamente son destinatarios de la ley aquellos extranjeros ciudadanos de la Unión Europea.

3. ¿Son los extranjeros menores de edad destinatarios de la Ley 5/2002?

a) No, únicamente los españoles residentes en la Comunidad de Madrid.

b) Sí, en las mismas condiciones que los españoles.

c) Únicamente son destinatarios de la ley aquellos extranjeros ciudadanos de la Unión Europea.

4. ¿Pueden ser los españoles no residentes en la Comunidad de Madrid destinatarios de la Ley 5/2002?

a) No, ya que la Comunidad de Madrid carece de competencias para ello.

b) Únicamente, cuando cuenten con contrato de trabajo de duración indefinida en la Comunidad de Madrid.

c) Sí, son destinatarios de la norma los españoles transeúntes en la Comunidad de Madrid.

5. A los efectos de lo dispuesto en el artículo 4 de la Ley 5/2002, ¿qué graduación deben tener las bebidas alcohólicas para ser consideradas como droga?

a) Graduación superior a 3 grados porcentual de su volumen.

b) 40 grados.

c) Graduación superior a 1 grado porcentual de su volumen.

6. ¿Cómo denomina de la Ley 5/2002 el conjunto de actuaciones encaminadas a eliminar o modificar los factores de riesgo y a fomentar factores de protección frente al consumo de drogas, o a otras conductas adictivas, con la finalidad de evitar que éstas se produzcan, se retrase su inicio, o bien, que no se conviertan en un problema para la persona o su entorno social?

a) Deshabituación.

b) Rehabilitación.

c) Prevención.

7. ¿A cuál de las siguientes definiciones pertenece el término integración empleado en la Ley 5/2002?

a) Proceso de incorporación de una persona a su entorno habitual como ciudadano responsable y autónomo, en el que se incluyen tanto la recuperación de las capacidades individuales de integración social como los cambios sociales necesarios para la aceptación de las personas drogodependientes.

b) Análisis de los indicadores establecidos en relación a las actividades realizadas en la prevención, tratamiento e integración de los sujetos drogodependientes para la elección de las más adecuadas y el establecimiento de prioridades científico-técnicas, económicas o sociales.

c) Proceso orientado al aprendizaje de habilidades que permitan al drogodependiente enfrentarse a los problemas asociados al consumo de drogas, con el objetivo final de eliminar su dependencia de las mismas.

8. En las actuaciones que en materia de drogodependencias y otros trastornos adictivos se desarrollen en la Comunidad de Madrid, ¿a los principios rectores de qué norma remite la Ley 5/2002?

a) Ley 39/2015, de 1 de octubre, del Procedimiento Administrativo Común de las Administraciones Públicas.

b) Ley 12/2001, de 21 de diciembre, de Ordenación Sanitaria de la Comunidad de Madrid.

c) Ley 4/2015, de 6 de marzo, de atención integral en materia de drogas y bebidas alcohólicas de Asturias.

9. ¿Cuál de los siguientes no es un principio rector de los contemplados en la Ley 5/2002?

a) Responsabilidad pública y coordinación institucional de actuaciones.

b) Descentralización, responsabilidad, equidad y autonomía en la gestión de los programas y servicios.

c) Buena fe.

10. Según lo dispuesto en la Ley 5/2002, ¿a quién intervenir en las condiciones sociales y factores de riesgo que pueden favorecer el consumo de drogas, especialmente entre los niños y jóvenes y, además, adoptar medidas que tiendan a evitar los perjuicios para la salud que se derivan de dicho consumo?

a) A la Oficina de las Naciones Unidas contra la Droga y el Delito (UNODC).

b) A las ONG destinadas a la ayuda a personas con adicciones.

c) A las Administraciones Públicas.

11. ¿Cuál de las siguientes no es una de las medidas preventivas generales encomendadas a las Administraciones Públicas por la Ley 5/2002?

a) Educar para la salud, potenciando hábitos saludables frente a las actitudes favorecedoras del consumo de drogas, al objeto de conseguir una «cultura de la salud» que incluya el rechazo a las drogas.

b) Iniciar las reformas legislativas pertinentes para el endurecimiento de las sanciones administrativas y penales vinculadas con el tráfico y consumo de drogas.

c) Formar profesionales que actúen en el campo de la prevención de drogodependencias y otros trastornos adictivos.

12. ¿Qué organizaciones contempla la Ley 5/2002 que puedan particular en la prevención en drogodependencias y otros trastornos adictivos?

a) Organizaciones y asociaciones sociales, cuyas iniciativas y actividades serán favorecidas por los poderes públicos.

b) Sociedades anónimas y sociedades limitadas, cuyas iniciativas y actividades serán favorecidas por los poderes privados.

c) Sindicatos y patronal, exclusivamente.

13. Según dispone la Ley 5/2002, ¿a qué sectores se dirigirán preferentemente los programas preventivos?

a) A sectores públicos.

b) A sectores específicos de la sociedad, especialmente a la población infantil, adolescente y otras de especial riesgo.

c) A sectores privados de la sociedad, en la búsqueda de una financiación y difusión público-privada.

14. En el ámbito de la educación para la salud, ¿qué administraciones colaborarán en la promoción de la salud en el ámbito educativo a través del desarrollo de programas de salud y de prevención de drogas en todas las etapas educativas?

a) Todas las administraciones públicas.

b) Las administraciones competentes en materia educativa, sanitaria, social y juvenil.

c) Ninguna administración, ya que la educación para la salud está destinada a la colaboración privada.

15. ¿Contempla la Ley 5/2002 la incorporación en los programas de estudio universitarios de la educación para la salud y de todos los contenidos necesarios para el aumento y mejora de la adecuada formación de universitarios en los distintos aspectos de las drogodependencias y otros trastornos adictivos?

a) No, por exceder la competencia de la Comunidad de Madrid.

b) No, podría hacerlo, pero la norma no lo recoge.

c) Sí, señalando que el Gobierno de la Comunidad de Madrid en colaboración con las Universidades de la Comunidad Autónoma, adoptará las medidas oportunas para su incorporación en los programas de estudios universitarios.

En MADTEST tienes **más preguntas de este tema**, y todos tus avances quedan registrados y se reflejan en el ranking.

¡Supera tus límites con MADTEST!

Solución al test n.º 40

1. b) Ley 5/2002, de 27 de junio, sobre Drogodependencias y otros Trastornos Adictivos de la Comunidad de Madrid.

2. b) Sí, cuando se encuentren inscritos en el Padrón del municipio de la Comunidad de Madrid en que residan habitualmente.

3. b) Sí, en las mismas condiciones que los españoles.

4. c) Sí, son destinatarios de la norma los españoles transeúntes en la Comunidad de Madrid.

5. c) Graduación superior a 1 grado porcentual de su volumen.

6. c) Prevención.

7. a) Proceso de incorporación de una persona a su entorno habitual como ciudadano responsable y autónomo, en el que se incluyen tanto la recuperación de las capacidades individuales de integración social como los cambios sociales necesarios para la aceptación de las personas drogodependientes.

8. b) Ley 12/2001, de 21 de diciembre, de Ordenación Sanitaria de la Comunidad de Madrid.

9. c) Buena fe.

10. c) A las Administraciones Públicas.

11. b) Iniciar las reformas legislativas pertinentes para el endurecimiento de las sanciones administrativas y penales vinculadas con el tráfico y consumo de drogas.

12. a) Organizaciones y asociaciones sociales, cuyas iniciativas y actividades serán favorecidas por los poderes públicos.

13. b) A sectores específicos de la sociedad, especialmente a la población infantil, adolescente y otras de especial riesgo.

14. b) Las administraciones competentes en materia educativa, sanitaria, social y juvenil.

15. c) Sí, señalando que el Gobierno de la Comunidad de Madrid en colaboración con las Universidades de la Comunidad Autónoma, adoptará las medidas oportunas para su incorporación en los programas de estudios universitarios.

Cómo acceder al Curso

Técnico/a Auxiliar Sanitario/a
Test del temario

El uso de los códigos **es exclusivo de los compradores de los productos de Editorial MAD**. Cada producto posee un código único y de un solo uso. Es personal e intransferible y da acceso a servicios y contenidos adicionales. Editorial MAD se reserva el derecho de hacer cuantas comprobaciones sean necesarias para identificar al legítimo poseedor del código y dejar de dar servicio a quien haga uso fraudulento del mismo, además de emprender cuantas acciones legales estime oportunas según la legislación vigente.

Deberás acceder a:

mad.es/registro-campus

Si una vez aceptadas las condiciones de uso del Campus decides hacer uso del mismo, necesitarás del siguiente código de acceso junto con los códigos del resto de títulos que se exigen (si fuera el caso):

AKUFGZQ37M